說文解字弟五下　漢太尉祭酒許慎記

銀青光祿大夫守右散騎常侍上柱國東海縣開國子食邑五百戶臣徐鉉等奉敕校定

丹　巴越之赤石也象采丹井丶象丹形凡丹之屬皆从丹　都寒切

㣋　古文丹

彬　亦古文丹

雘　善丹也从丹蒦聲周書曰惟其敳丹雘讀若隺　烏郭切

彤　丹飾也从丹从彡彡其畫也　徒冬切

文三　重二

青　東方色也木生火从生丹丹青之信言必然凡青之屬皆从青　倉經切

𡕝　古文青

靜　審也从青爭聲徐鍇曰丹青明審也　疾郢切

文二　重一

井　八家一井象構韓形丶罋之象也古者伯益初作井凡井之屬皆从井　子郢切

⿱𤇾井　深池也从井瑩省聲　烏迥切

阱　陷也从𨸏从井井亦聲　疾正切

穽　阱或从穴

汬　古文阱从水

𠛬　罰辠也从井从刀易曰井法也井亦聲　戶經切

刱　造法刱業也从井刅聲讀若創　初亮切

文五　重二

皀　穀之馨香也象嘉穀在裹中之形匕所以扱之或說皀一粒也凡皀之屬皆从皀又讀若香　皮及切

即　即食也从皀卪聲徐鍇曰即就也　子力切

既　小食也从皀旡聲論語曰不使勝食既　居未切

冟　飯剛柔不調相著从皀冂聲讀若適　施隻切

文四

鬯　以秬釀鬱艸芬芳攸服以降神也从凵凵器也中象米匕所以扱之易曰不喪匕鬯

凡鬯之屬皆从鬯。丑諒切

鬱 芳艸也。十葉爲貫，百廿貫築以煮之爲鬱。从臼冂缶鬯；彡，其飾也。一曰鬱鬯，百艸之華，遠方鬱人所貢芳艸，合釀之以降神。鬱，今鬱林郡也。迂勿切

爵 禮器也。象爵之形，中有鬯酒，又持之也。所以飲。器象爵者，取其鳴節節足足也。即略切 [illegible] 古文爵象形

䰞 黑黍也。一稃二米以釀也。从鬯矩聲。其呂切 秬 䰞或从禾

𩰪 列也。从鬯吏聲。讀若迅。疏吏切

文五 重二

食 亼米也。从皀亼聲。或說亼皀也。凡食之屬皆从食。乘力切

饙 脩飯也。从食𡴀聲。臣鉉等曰：𡴀，音忽，非聲，疑𡴀字之誤。府文切 餴 饙或从賁 [illegible] 饙或从奔

餾 飯气蒸也。从食留聲。力救切

飪 大孰也。从食壬聲。如甚切 [illegible] 古文飪 恁 亦古文飪

饔 孰食也。从食雝聲。於容切

飴 米糱煎也。从食台聲。與之切 [illegible] 籒文飴从異省

餳 飴和饊者也。从食昜聲。徐盈切

饊 熬稻粻程也。从食散聲。穌旱切

餅 麪餈也。从食并聲。必郢切

餈 稻餅也。从食次聲。疾資切 [illegible] 餈或从齊 粢 餈或从米

饘 糜也。从食亶聲。周謂之饘，宋謂之餬。諸延切

餱 乾食也。从食侯聲。周書曰：峙乃餱粻。乎溝切

餥 餱也。从食非聲。陳楚之閒相謁食麥飯曰餥。非尾切

饎 酒食也。从食喜聲。詩曰：可以饙饎。昌志切 [illegible] 饎或从配 糦 饎或从米

籑 具食也。从食算聲。士戀切 饌 籑或从巽

養 供養也。从食羊聲。余兩切 [illegible] 古文養

飯 食也。从食反聲。符萬切

𩚳 雜飯也。从食丑聲。女久切

飤 糧也。从人食。祥吏切

饡 以羹澆飯也。从食贊聲。則榦切

[illegible] 晝食也。从食象聲。書兩切 [illegible] 𩞄或从傷省聲

餔 日加申時食也。从食甫聲。博狐切 [illegible] 籒文餔从皿浦聲

餐 吞也。从食𣦼聲。七安切 湌 餐或从水

[illegible] 嗛也。从食兼聲。讀若風溓溓。一曰廉潔也。力鹽切

饁 餉田也。从食盍聲。詩曰：饁彼南畝。筠輒切

饟 周人謂餉曰饟。从食襄聲。人漾切

餉 饟也。从食向聲。式亮切

饋 餉也。从食貴聲。求位切

饗 鄉人飲酒也。从食从鄉，鄉亦聲。許兩切

饛 盛器滿皃。从食蒙聲。詩曰：有饛簋飧。莫紅切

飵 楚人相謁食麥曰飵。从食乍聲。在各切

[illegible] 相謁食麥也。从食占聲。奴兼切

[illegible] 秦人謂相謁而食麥曰[illegible]䬣。从食㥯聲。烏困切

䬣 [illegible]䬣也。从食豈聲。五困切

餬 寄食也。从食胡聲。戶吳切

飶 食之香也。从食必聲。詩曰：有飶其香。毗必切

[illegible] 燕食也。从食芺聲。詩曰：飲酒之[illegible]。依據切

飽 猒也。从食包聲。博巧切 [illegible] 古文飽从采 [illegible] 亦古文飽从卯聲

[illegible] 猒也。从食肙聲

烏玄切 饒飽也从食堯聲如昭切 餘饒也从食余聲以諸切 餀食臭也从食艾聲爾雅曰餀謂之喙呼艾切 餞送去也从食戔聲詩曰顯父餞之才線切 餫野饋曰餫从食軍聲王問切 館客舍也从食官聲周禮五十里有市市有館館有積以待朝聘之客古玩切 饕貪也从食號聲土刀切 叨饕或从口刀聲 𩟭籀文饕从號省 餮貪也从食殄省聲春秋傳曰謂之饕餮他結切 饖飯傷熱也从食歲聲於廢切 饐飯傷溼也从食壹聲乙冀切 餲飯餲也从食曷聲論語曰食饐而餲乙例切又烏介切 饑穀不孰為饑从食幾聲居衣切 饉蔬不孰為饉从食堇聲渠吝切 ⿰飠戹飢也从食戹聲讀若楚人言恚人於革切 餧飢也从食委聲一曰魚敗曰餧奴罪切 飢餓也从食几聲居夷切 餓飢也从食我聲五箇切 餽吳人謂祭曰餽从食从鬼鬼亦聲俱位切又音饋 餟祭酹也从食叕聲陟衞切 ⿰飠兌小餟也从食兌聲輸芮切 ⿰飠夌馬食穀多气流四下也从食夌聲里甑切 ⿰飠末食馬穀也从食末聲莫撥切

文六十二　重十八

餕食之餘也从食夋聲子峻切 餻餌屬从食羔聲古牢切

文二　新附

亼三合也从入一象三合之形凡亼之屬皆从亼讀若集秦入切臣鉉等曰此疑只象形非从入一也

合合口也从亼从口候閤切 僉皆也从亼从吅从从虞書曰僉曰伯夷七廉切 侖思也从亼从冊力屯切 𠎝籀文侖 今是時也从亼从㇇㇇古文及居音切 舍市居曰舍从亼屮象屋也口象築也始夜切

文六　重一

會合也从亼从曾省曾益也凡會之屬皆从會黃外切

㣛古文會如此 朇益也从會卑聲符支切 𣊫日月合宿為辰从會从辰辰亦聲植鄰切

文三　重一

倉穀藏也倉黃取而藏之故謂之倉从食省口象倉形凡倉之屬皆从倉七岡切

仺奇字倉 牄鳥獸來食聲也从倉爿聲虞書曰鳥獸牄牄七羊切

文二　重一

入內也象从上俱下也凡入之屬皆从入人汁切

內入也从冂自外而入也奴對切 ⿱山入入山之深也从山从入闕鉏箴切 糴市穀也从入从糴徒歷切 仝完也从入工疾緣切

𠓛 篆文仝从玉。純玉曰全。𠓛 古文仝。

㒳 二入也。兩从此。闕。良奬切

文六　重二

缶 瓦器。所以盛酒漿。秦人鼓之以節謌。象形。凡缶之屬皆从缶。方九切

㲉 未燒瓦器也。从缶㱿聲。讀若筩莩。又苦候切

匋 瓦器也。从缶，包省聲。古者昆吾作匋。案：史篇讀與缶同。徒刀切

罌 缶也。从缶賏聲。烏莖切

𦉜 小口罌也。从缶𠂹聲。池偽切

䍌 小缶也。从缶咅聲。蒲候切

缾 䍃也。从缶并聲。薄經切　瓶 缾或从瓦。

罋 汲缾也。从缶雝聲。烏貢切

𦈻 下平缶也。从缶乏聲。讀若㺸。土盍切

罃 備火長頸缾也。从缶，熒省聲。烏莖切

缸 瓨也。从缶工聲。下江切

𦈮 瓦器也。从缶或聲。于逼切

𦉐 瓦器也。从缶薦聲。作甸切

䍃 瓦器也。从缶肉聲。臣鉉等曰：當从䍃省乃得聲。以周切

𦉼 瓦器也。从缶霝聲。郎丁切

𦈲 缺也。从缶占聲。都念切

缺 器破也。从缶，決省聲。傾雪切

罅 裂也。从缶虖聲。缶燒善裂也。呼訝切

罄 器中空也。从缶殸聲。殸，古文磬字。詩云：缾之罄矣。苦定切

罊 器中盡也。从缶毄聲。苦計切

缿 受錢器也。从缶后聲。古以瓦，今以竹。大口切。又，胡講切

文二十一　重一

罐 器也。从缶雚聲。古玩切

文一　新附

矢 弓弩矢也。从入，象鏑栝羽之形。古者夷牟初作矢。凡矢之屬皆从矢。式視切

䠶 弓弩發於身而中於遠也。从矢从身。食夜切　射 篆文䠶从寸。寸，法度也；亦手也。

矯 揉箭箝也。从矢喬聲。居夭切

矰 隿䠶矢也。从矢曾聲。作滕切

侯 春饗所䠶侯也。从人；从厂，象張布；矢在其下。天子䠶熊虎豹，服猛也；諸侯䠶熊豕虎；大夫射麋，麋，惑也；士䠶鹿豕，爲田除害也。其祝曰：毋若不寧侯，不朝于王所，故伉而䠶汝也。乎溝切　𥎦 古文侯。

𥏌 傷也。从矢昜聲。式陽切

短 有所長短，以矢爲正。从矢豆聲。都管切

矤 況也，詞也。从矢，引省聲。从矢，取詞之所之如矢也。式忍切

知 詞也。从口从矢。陟离切

矣 語已詞也。从矢以聲。于已切

文十　重二

矮 短人也。从矢委聲。烏蟹切

文一　新附

高 崇也。象臺觀高之形。从冂、口。與倉、舍同意。

凡高之屬皆从高古牢切

高小堂也从高省冋聲去潁切　廎高或从广頃聲　亭民所安定也亭有樓从高省丁聲特丁切　亳京兆杜陵亭也从高省乇聲旁各切

文四　重一

冂邑外謂之郊郊外謂之野野外謂之林林外謂之冂象遠界也凡冂之屬皆从冂古熒切

冋古文冂从口象國邑　坰冋或从土　市買賣所之也市有垣从冂从乁乁古文及象物相及也之省聲時止切　冘淫淫行皃从人出冂余箴切　央中央也从大在冂之內大人也央旁同意一曰久也於良切　隺高至也从隹上欲出冂易曰夫乾隺然胡沃切

文五　重二

𩫏度也民所度居也从回象城𩫏之重兩亭相對也或但从口音韋凡𩫏之屬皆从𩫏古博切

𩫖缺也古者城闕其南方謂之𩫖从𩫏缺省讀若拔物爲決引也傾雪切

文二

京人所爲絕高丘也从高省丨象高形凡京之屬皆从京舉卿切

就就高也从京从尤尤異於凡也疾僦切　𡮢籀文就

文二　重一

亯獻也从高省曰象進孰物形孝經曰祭則鬼亯之凡亯之屬皆从亯許兩切又普庚切又許庚切

亯篆文亯　𦎫孰也从亯从羊讀若純一曰鬻也常倫切　𦎫篆文𦎫　竺厚也从亯竹聲讀若篤冬毒切　𩫨用也从亯从自自知臭香所食也讀若庸余封切

文四　重二

㫗厚也从反亯凡㫗之屬皆从㫗徐鍇曰亯者進上也以進上之具反之於下則厚也胡口切

覃 長味也从㫗鹹省聲詩曰實覃實吁徒含切 𠶴古文覃 𠪚篆文覃省 厚 山陵之厚也从㫗从厂胡口切
垕 古文厚从后土 文三 重三
畗 滿也从高省象高厚之形凡畗之屬皆从畗讀若伏芳逼切
良 善也从畗省亡聲徐鍇曰良甚也故从畗呂張切 𡆐古文良 𥹝亦古文良 㠃亦古文良 文一 重三
㐭 穀所振入宗廟粢盛倉黃㐭而取之故謂之㐭从入回象屋形中有戶牖凡㐭之屬皆从㐭力甚切
廩 㐭或从广从禾 稟 賜穀也从㐭从禾筆錦切 亶 多穀也从㐭旦聲多旱切 啚 嗇也从口㐭㐭受也方美切 𡈼 古文啚如此 文四 重二

嗇 愛濇也从來从㐭來者㐭而藏之故田夫謂之嗇夫凡嗇之屬皆从嗇所力切 𤲬 古文嗇从田
牆 垣蔽也从嗇爿聲才良切 𤚽 籀文从二禾 𤚾 籀文亦从二來 文二 重三
來 周所受瑞麥來麰一來二縫象芒朿之形天所來也故為行來之來詩曰詒我來麰凡來之屬皆从來洛哀切
𥠸 詩曰不𥠸不來从來矣聲牀史切 𢓭 𥠸或从彳 文二 重一
麥 芒穀秋穜厚薶故謂之麥麥金也金王而生火王而死从來有穗者从夊凡麥之

屬皆从麥 臣鉉等曰夂足也周受瑞麥來麰如行來故从夂莫獲切

麰 來麰麥也从麥牟聲莫浮切 ⿱艹牟 麰或从艸

麧 堅麥也从麥气聲乎沒切

⿰麥貨 小麥屑之覈从麥貨聲穌果切

⿰麥坐 䃺麥也从麥坐聲一曰擣也昨何切

麩 小麥屑皮也从麥夫聲甫無切 麱 麩或从甫

麪 麥末也从麥丏聲彌箭切

⿰麥啻 麥覈屑也十斤爲三斗从麥啻聲直隻切

麷 煑麥也从麥豐聲讀若馮敷戎切

麮 麥甘鬻也从麥去聲丘據切

⿰麥殼 餅籟也从麥殼聲讀若庫空谷切

⿰麥穴 餅籟也从麥穴聲戶八切

⿰麥才 餅籟也从麥才聲昨哉切

文十三 重二

夂 行遲曳夂夂象人兩脛有所躧也凡夂之屬皆从夂 楚危切

夋 行夋夋也一曰倨也从夂允聲七倫切

复 行故道也从夂畐省聲房六切

夌 越也从夂从兴兴高也一曰夌徲也力膺切

致 送詣也从夂从至陟利切

憂 和之行也从夂㤅聲詩曰布政憂憂於求切

愛 行皃从夂㤅聲烏代切

⿸尸夂 行⿸尸夂⿸尸夂也从夂闕讀若僕又卜切

竷 繇也舞也樂有章从章从夅从夂詩曰竷竷舞我苦感切

𡕒 䍃盖也象皮包覆䍃下有兩臂而夂在下讀若范亡范切

夏 中國之人也从夂从頁从臼臼兩手夂兩足也胡雅切 古文夏

畟 治稼畟畟進也从田人从夂詩曰畟畟良耜初力切

㚇 斂足也鵲鵙醜其飛也㚇从夂兇聲子紅切

夒 貪獸也一曰母猴似人从頁巳止夂其手足臣鉉等曰巳止皆象形也奴刀切

夔 神魖也如龍一足从夂象有角手人面之形渠追切

文十五 重一

夎 拜失容也从夂坐聲則臥切

文一 新附

舛 對臥也从夂㐄相背凡舛之屬皆从舛昌兖切 踳 楊雄說舛从足舂

舞 樂也用足相背从舛無聲文撫切 𦏶 古文舞从羽亡

舝 車軸耑鍵也兩穿相背从舛𢌳省聲𢌳古文偰字胡戛切

文三 重二

舜 艸也楚謂之葍秦謂之藑蔓地連華象形从舛舛亦聲凡舜之屬皆从舜舒閏切今隸變作舜

䑞 古文舜

䑟 華榮也从舜生聲讀若皇爾雅曰䑟華也戶光切 葟 䑟或从艸皇

文三 重一

文一 新附

文十五 重一

文十三 重三

文二　重二

韋 相背也从舛囗聲獸皮之韋可以束枉戾相韋背故借以爲皮韋凡韋之屬皆从韋 宇非切

𡇳 古文韋

韠 韍也所以蔽前以韋下廣二尺上廣一尺其頸五寸一命緼韠再命赤韠从韋畢聲 卑吉切

韎 茅蒐染韋也一入曰韎从韋末聲 莫佩切

韢 橐紐也从韋惠聲一曰盛虜頭橐也 徐鍇曰謂戰伐以盛首級 胡計切

韜 劒衣也从韋舀聲 土刀切

韝 射臂決也从韋冓聲 古侯切

韘 射決也所以拘弦以象骨韋系著右巨指从韋枼聲詩曰童子佩韘 失涉切

弽 韘或从弓

韣 弓衣也从韋蜀聲 之欲切

韔 弓衣也从韋長聲詩曰交韔二弓 丑亮切

⿰韋叚 履也从韋叚聲 乎加切

⿰韋段 履後帖也从韋段聲 徒玩切

緞 ⿰韋段或从糸

韤 足衣也从韋蔑聲 臣鉉等曰今俗作韈非是 望發切

⿰韋尃 軶裹也从韋尃聲 匹各切

韏 革中辨謂之韏从韋𢍏聲 九萬切

⿰韋糕 收束也从韋糕聲讀若酋 臣鉉等曰糕側角切聲不相近未詳 即由切

⿰韋要 ⿰韋糕或从要

⿰秋手 ⿰韋糕或从秋手

韓 井垣也从韋取其帀也倝聲 胡安切

文十六　重五

韌 柔而固也从韋刃聲 而進切

文一 新附

弟 韋束之次弟也从古字之象凡弟之屬皆从弟 特計切

𢎨 古文弟从古文韋省丿聲

罤 周人謂兄曰罤从弟从眔 臣鉉等曰眔目相及也兄弟親比之義 古魂切

文二　重一

夂 从後至也象人兩脛後有致之者凡夂之屬皆从夂讀若黹 陟侈切

𡕒 相遮要害也从夂丰聲南陽新野有𡕒亭 乎蓋切

夆 啎也从夂丰聲讀若縫 敷容切

夅 服也从夂干相承不敢竝也 下江切

夃 秦以市買多得爲夃从乃从夂益至也从乃詩曰我夃酌彼金罍 臣鉉等曰乃難意也 古乎切

𡕩 跨步也从反夂酐从此 苦瓦切

文六

文六

[illegible]

文二 重一

[illegible]

文一 [illegible]

文十六 重四

[illegible]

文四 重二

夊 从後夊之象人兩脛後有距也周禮曰夊諸牆以觀其橈凡夊之屬皆从夊舉友切

文一

桀 磔也从舛在木上也凡桀之屬皆从桀渠列切

磔 辜也从桀石聲陟格切

乘 覆也从入桀桀黠也軍法曰乘食陵切

古文乘从几

說文解字弟五下

說文解字弟六上　漢太尉祭酒許氏記

銀青光祿大夫守右散騎常侍上柱國東海縣開國子食邑五百戶臣徐鉉等奉

敕校定

二十五部　文七百五十三　重六十一

凡九千四百四十三字　文二十新附

木 冒也。冒地而生。東方之行。从屮，下象其根。凡木之屬皆从木。徐鍇曰：屮者，木始甲拆，萬物皆始於微，故木从屮。莫卜切

橘 果。出江南。从木矞聲。居聿切

橙 橘屬。从木登聲。丈庚切

柚 條也。似橙而酢。从木由聲。夏書曰：厥包橘柚。余救切

樝 果似棃而酢。从木虘聲。側加切

棃 果名。从木𥝢聲。𥝢，古文利。力脂切

梬 棗也。似柹。从木甹聲。以整切

柹 赤實果。从木𠂔聲。鉏里切

枏 梅也。从木冄聲。汝閻切

梅 枏也。可食。从木每聲。莫桮切

楳 或从某。

杏 果也。从木，可省聲。何梗切

柰 果也。从木示聲。奴帶切

李 果也。从木子聲。良止切

杍 古文。

桃 果也。从木兆聲。徒刀切

楙 冬桃。从木敄聲。讀若髦。莫候切

亲 果，實如小栗。从木辛聲。春秋傳曰：女摯不過亲栗。側詵切

楷 木也。孔子冢蓋樹之者。从木皆聲。苦駭切

梫 桂也。从木，侵省聲。七荏切

桂 江南木，百藥之長。从木圭聲。古惠切

棠 牡曰棠，牝曰杜。从木尚聲。徒郎切

杜 甘棠也。从木土聲。徒古切

槢 木也。从木習聲。似入切

樿 木也。可以為櫛。从木單聲。旨善切

椲 木也。可屈為杅者。从木韋聲。于鬼切

楢 柔木也。工官以為耎輪。从木酋聲。讀若糗。以周切

桏 木也。从木邛聲。渠容切

棆 毋杶也。从木侖聲。讀若易卦屯。陟倫切

楈 木也。从木胥聲。讀若芟刈之芟。私閭切

柍 梅也。从木央聲。一曰江南橦材，其實謂之柍。於京切

楑 木也。从木癸聲。又，度也。求癸切

⿰木咎 木也。从木咎聲。讀若皓。古老切

椆 木也。从木周聲。讀若丩。職留切

樕 樸樕，木。从木欶聲。桑谷切

⿰木彝 木也。从木彝聲。羊皮切

梣 青皮木。从木岑聲。子林切

⿰木𡨋 或从𡨋省。𡨋，籀文寑。

棳 木也。从木叕聲。益州有棳縣。職說切

梎 木也。从木，號省聲。乎刀切

棪 遬其也。从木炎聲。讀若三年導服之導。以冄切

⿰木遄 木也。从木遄聲。市緣切

椋 即來也。从木京聲。呂張切

檍　杶也从木意聲於力切
橨　木也从木賁聲房未切
櫖　木也从木虘聲丑居切
楀　木也从木禹聲王矩切
櫐　木也从木畾聲力軌切
櫑　籀文
桋　赤桋也从木夷聲詩曰隰有杞桋以脂切
栟　栟櫚也可作萆从木并聲府盈切
椶　栟櫚也从木㚇聲子紅切
檟　楸也从木賈聲春秋傳曰樹六檟於蒲圃古雅切
椅　梓也从木奇聲於离切
梓　楸也从木宰省聲即里切
梓　或不省
楸　梓也从木秋聲七由切
⿰木啻　梓屬大者可爲棺椁小者可爲弓材从木啻聲於力切
柀　檆也从木皮聲一曰折也甫委切
檆　木也从木煔聲臣鉉等曰今俗作杉非是所銜切
榛　木也从木秦聲一曰菆也側詵切
𣐊　山樗也从木尻聲苦浩切
杶　木也从木屯聲夏書曰杶榦栝柏敕倫切
櫄　或从熏
杻　古文杶
橁　杶也从木筍聲相倫切
桵　白桵棫从木妥聲臣鉉等曰當从綏省儒隹切
棫　白桵也从木或聲于逼切
⿰木息　木也从木息聲相即切
椐　樻也从木居聲九魚切
樻　椐也从木貴聲求位切
栩　柔也从木羽聲其皁一曰樣況羽切
𣐈　栩也从木予聲讀若杼直呂切
樣　栩實从木羕聲徐兩切
杙　劉劉杙从木弋聲與職切
枇　枇杷木也从木比聲房脂切
桔　桔梗藥名从木吉聲一曰直木古屑切
柞　木也从木乍聲在各切
⿰木乎　木出橐山从木乎聲他乎切
榗　木也从木晉聲書曰竹箭如榗子賤切
檖　羅也从木㒸聲詩曰隰有樹檖徐醉切
椵　木可作牀几从木叚聲讀若賈古雅切
橞　木也从木惠聲胡計切
楛　木也从木苦聲詩曰榛楛濟濟侯古切
櫅　木也可以爲大車軸从木齊聲祖雞切
⿰木乃　木也从木乃聲讀若仍如乘切
櫇　木也从木頻聲符眞切
樲　酸棗也从木貳聲而至切
樸　棗也从木僕聲博木切
橪　酸小棗从木然聲一曰染也人善切
柅　木也實如棃从木尼聲女履切
梢　木也从木肖聲所交切
𣚍　木也从木隸聲郎計切
⿰木寽　木也从木寽聲力輟切
梭　木也从木夋聲臣鉉等曰今人別音穌禾切以爲機杼之屬私閏切
𣡛　木也从木畢聲卑吉切
楋　木也从木剌聲盧達切
枸　木也可爲醬出蜀从木句聲俱羽切
樜　木出發鳩山从木庶聲之夜切
枋　木可作車从木方聲府良切
橿　枋也从木畺聲一曰鉏柄名居良切
樗　木也以其皮裹松脂从木雩聲讀若華乎化切
檴　或从蒦
檗　黃木也从木辟聲博戹切
梤　香木也从木岎聲撫文切
榝　似茱萸出淮南从木殺聲所八切
槭　木可作大車輮从木戚聲子六切
楊　木也从木昜聲与章切
檉　河柳也从木聖聲敕貞切
柳　小楊也从木丣聲丣

古文酉力九切
樳 大木可爲鉏柄从木粵聲詳遵切
欒 木似欄从木䜌聲禮天子樹松諸矦柏大夫欒士楊洛官切
移 棠棣也从木多聲弋支切
棣 白棣也从木隶聲特計切
枳 木似橘从木只聲諸氏切
楓 木也厚葉弱枝善摇一名欇从木風聲方戎切
權 黃華木从木雚聲一曰反常巨員切
柜 木也从木巨聲其呂切
槐 木也从木鬼聲戶恢切
穀 楮也从木㱿聲古祿切
楮 穀也从木者聲丑呂切
檵 枸杞也从木繼省聲一曰監木古詣切
杞 枸杞也从木己聲墟里切
枒 木也从木牙聲一曰車輞會也五加切
檀 木也从木亶聲徒乾切
櫟 木也从木樂聲郎擊切
梂 櫟實一曰鑿首从木求聲巨鳩切
楝 木也从木柬聲郎電切
檿 山桑也从木厭聲詩曰其檿其柘於琰切
柘 桑也从木石聲之夜切
[illegible] 木可爲杖从木厀聲親吉切
檈 檈味稔棗从木還聲似沿切
梧 梧桐木从木吾聲一名櫬五胡切
榮 桐木也从木熒省聲一曰屋梠之兩頭起者爲榮永兵切
桐 榮也从木同聲徒紅切
橎 木也从木番聲讀若樊附轅切
榆 榆白枌从木俞聲羊朱切
枌 榆也从木分聲扶分切
梗 山枌榆有朿莢可爲蕪荑者从木更聲古杏切
樵 散木也从木焦聲昨焦切

松 木也从木公聲祥容切
𣐎 松或从容
樠 松心木从木㒼聲莫奔切
檜 柏葉松身从木會聲古外切
樅 松葉柏身从木從聲七恭切
柏 鞠也从木白聲博陌切
机 木也从木几聲居履切
枮 木也从木占聲息廉切
梇 木也从木弄聲益州有梇棟縣盧貢切
楰 鼠梓木从木臾聲詩曰北山有楰羊朱切
桅 黃木可染者从木危聲過委切
杒 桎杒也从木刃聲而震切
𣞥 榙𣞥木也从木遝聲徒合切
榙 榙𣞥果似李从木荅聲讀若嚃土合切
某 酸果也从木甘闕莫厚切
[illegible] 古文某从口
櫾 崐崘河隅之長木也从木繇聲以周切
樹 生植之總名从木尌聲常句切
𣓞 籒文
本 木下曰本从木一在其下徐鍇曰一記其處也本末朱皆同義布忖切
𡴼 古文
柢 木根也从木氐聲都禮切
朱 赤心木松栢屬从木一在其中章俱切
根 木株也从木艮聲古痕切
株 木根也从木朱聲陟輸切
末 木上曰末从木一在其上莫撥切
[illegible] 細理木也从木畟聲子力切
果 木實也从木象果形在木之上古火切
樏 木實也从木絫聲力追切
杈 枝也从木叉聲初身切
枝 木別生條也从木支聲章移切
朴 木皮也从木卜聲匹角切
條 小枝也从木攸聲徒

遂切

枚 幹也可爲杖从木从攴詩曰施于條枚莫桮切

栞 槎識也从木㚇闕夏書曰隨山栞木讀若刊苦寒切

栞 篆文从开

欇 木葉搖白也从木聶聲之涉切

栠 弱皃从木任聲如甚切

枖 木少盛皃从木夭聲詩曰桃之枖枖於喬切

槙 木頂也从木眞聲一曰仆木也都季切

梃 一枚也从木廷聲徒頂切

⿱驫木 衆盛也从木驫聲逸周書曰疑沮事闕所臻切

標 木杪末也从木㶾聲敷沼切

杪 木標末也从木少聲亡沼切

朶 樹木垂朶朶也从木象形此與采同意丁果切

桹 高木也从木良聲魯當切

橌 大木皃从木閒聲古限切

枵 木根也从木號聲春秋傳曰歲在玄枵玄枵虛也許嬌切

柖 樹搖皃从木召聲止搖切

榣 樹動也从木䍃聲余昭切

樛 下句曰樛从木翏聲吉虯切

朻 高木也从木丩聲吉糾切

枉 衺曲也从木㞷聲迂往切

橈 曲木从木堯聲女教切

枎 扶疏四布也从木夫聲防無切

檹 木檹施从木旖聲賈侍中說檹即椅木可作琴於离切

⿰木小 相高也从木小聲私兆切

⿰木曶 高皃从木曶聲呼骨切

槮 木長皃从木參聲詩曰槮差荇菜所今切

梴 長木也从木延聲詩曰松桷有梴丑連切

橚 長木皃从木肅聲山巧切

杕 樹皃从木大聲詩曰有杕之杜特計切

𣓨 木葉陊也从木㲋聲讀若薄他各切

格 木長皃从木各聲古百切

槸 木相摩也从木埶聲魚祭切

𣡗 槸或从艸

枯 槀也从木古聲夏書曰唯箘輅枯木名也苦孤切

槀 木枯也从木高聲苦浩切

樸 木素也从木菐聲匹角切

楨 剛木也从木貞聲上郡有楨林縣陟盈切

柔 木曲直也从木矛聲耳由切

㯞 判也从木𣂔聲易曰重門擊㯞他各切

朸 木之理也从木力聲平原有朸縣盧則切

材 木梃也从木才聲昨哉切

柴 小木散材从木此聲臣鉉等曰師行野次豎散木爲區落名曰柴籬後人語譌轉入去聲又別作寨字非是士佳切

榑 榑桑神木日所出也从木尃聲防無切

杲 明也从日在木上古老切

杳 冥也从日在木下烏皎切

⿰木卻 角械也从木卻聲一曰木下白也其逆切

栽 築牆長版也从木𢦏聲春秋傳曰楚圍蔡里而栽昨代切

築 擣也从木筑聲陟玉切

⿱𥫗⿱亯土 古文

榦 築牆耑木也从木倝聲臣鉉等曰今別作幹非是矢倝亦同古案切

檥 榦也从木義聲魚羈切

構 蓋也从木冓聲杜林以爲椽桷字古后切

模 法也从木莫聲讀若嫫母之嫫莫胡切

桴 棟名从木孚聲附柔切

棟 極也从木東聲多貢切

極 棟也从木亟聲渠力切

柱 楹也从木主聲直主切

楹 柱也从木盈聲春秋傳曰丹桓宮楹以成切

樘 衺柱也从木堂聲臣鉉等曰今俗別作撐非是丑庚切

榰 柱砥古用木今以石

从木耆聲易榰恒凶章移切
楶 欂櫨也从木咨聲子結切
欂 壁柱从木薄省聲弼戟切
櫨 柱上柎也从木盧聲伊尹曰果之美者箕山之東青鳧之所有櫨橘焉夏孰也一曰宅櫨木出弘農山也落胡切
枅 屋櫨也从木幵聲古兮切
栵 栭也从木𠛱聲詩曰其灌其栵良辥切
栭 屋枅上標从木而聲爾雅曰栭謂之楶如之切
檼 棼也从木㥯聲於靳切
橑 椽也从木尞聲盧浩切
桷 榱也椽方曰桷从木角聲春秋傳曰刻桓宮之桷古岳切
椽 榱也从木彖聲直專切
榱 秦名爲屋椽周謂之榱齊魯謂之桷从木衰聲所追切
楣 秦名屋櫋聯也齊謂之檐楚謂之梠从木眉聲武悲切
梠 楣也从木呂聲力舉切
㮰 梠也从木㿝聲讀若枇杷之枇房脂切
櫋 屋櫋聯也从木邊省聲武堅切
檐 㮰也从木詹聲臣鉉等曰今俗作簷非是余廉切
橝 屋梠前也从木覃聲一曰蠶槌徒含切
樀 戶樀也从木啻聲爾雅曰檐謂之樀讀若滴都歷切
植 戶植也从木直聲常職切
[木置] 或从置
樞 戶樞也从木區聲昌朱切
槏 戶也从木兼聲苦減切
樓 重屋也从木婁聲洛侯切
櫳 房室之疏也从木龍聲盧紅切
楯 闌檻也从木盾聲食允切
櫺 楯間子也从木霝聲郎丁切
杗 棟也从木亡聲爾雅曰杗廇謂之梁武方切
梀 短椽也从木束聲丑錄切

杇 所以涂也秦謂之杇關東謂之槾从木亏聲哀都切
槾 杇也从木曼聲母官切
椳 門樞謂之椳从木畏聲烏恢切
[木冒] 門樞之橫梁从木冒聲莫報切
梱 門橛也从木困聲苦本切
榍 限也从木屑聲先結切
柤 木閑从木且聲側加切
槍 歫也从木倉聲一曰槍欀也七羊切
楗 限門也从木建聲其獻切
櫼 楔也从木韱聲子廉切
楔 櫼也从木契聲先結切
柵 編樹木也从木从冊冊亦聲楚革切
杝 落也从木也聲讀若他池尒切
欜 夜行所擊者从木橐聲易曰重門擊欜他各切
桓 亭郵表也从木亘聲胡官切
楃 木帳也从木屋聲於角切
橦 帳極也从木童聲宅江切
杠 牀前橫木也从木工聲古雙切
桯 牀前几从木呈聲他丁切
桱 桱桯也東方謂之蕩从木巠聲古零切
牀 安身之坐者从木爿聲徐鍇曰左傳薳子馮詐病掘地下冰而牀焉至於恭坐則席也故从爿爿則爿之省象人衺身有所倚箸至於牆壯戕狀之屬並當从牀省聲李陽冰言木右爲片左爲爿音牆且說文無爿字其書亦異故知其妄仕莊切
枕 臥所薦首者从木冘聲章衽切
㰌 槭窬褻器也从木威聲於非切
櫝 匱也从木賣聲一曰木名又曰大梡也徒谷切
櫛 梳比之總名也从木節聲阻瑟切
梳 理髮也从木疏省聲所菹切
㭘 劒柙也从木合聲胡甲切
槈

薅器也从木辱聲奴豆切 鎒 或从金 𣐋 苿臿也从木入象形䀠聲舉朱切 苿 兩刃臿也从木丫象形宋魏曰苿也互瓜切 釫 或从金从于 梠 臿也从木㠯聲一曰徒土輂齊人語也臣鉉等曰今俗作耜詳里切 梩 或从里 枱 耒耑也从木台聲弋之切 鈶 或从金 辝 籀文从辝 楎 六叉犂一曰犂上曲木犂轅从木軍聲讀若渾天之渾戶昆切 櫌 摩田器从木憂聲論語曰櫌而不輟於求切 欘 斫也齊謂之鎡錤一曰斤柄性自曲者从木屬聲陟玉切 櫡 斫謂之櫡从木箸聲張略切 杷 收麥器从木巴聲蒲巴切 椴 穜樓也一曰燒麥柃椴从木役聲与辟切 柃 木也从木令聲郎丁切 柫 擊禾連枷也从木弗聲敷勿切 枷 柫也从木加聲淮南謂之柍古牙切 杵 舂杵也从木午聲昌與切 槩 杚斗斛从木既聲工代切 杚 平也从木气聲古沒切 楷 木參交以枝炊籅者也从木省聲讀若驪駕臣鉉等曰驪駕未詳所綆切 柶 禮有柶柶匕也从木四聲息利切 桮 𠤵也从木否聲布回切 匼 籀文桮 槃 承槃也从木般聲薄官切 鎜 古文从金 盤 籀文从皿 榹 槃也从木虒聲息移切 案 几屬从木安聲烏旰切 檈 圜案也从木瞏聲似沿切 椷 篋也从木咸聲古咸切 杓 枓柄也从木从勺臣鉉等曰今俗作市若切以爲桮杓之杓甫摇切

櫑 龜目酒尊刻木作雲雷象象施不窮也从木畾聲魯回切 罍 櫑或从缶 㽁 櫑或从皿 𤳳 籀文櫑 椑 圜榼也从木卑聲部迷切 榼 酒器也从木盍聲枯蹋切 橢 車笭中橢橢器也从木隋聲徒果切 槌 關東謂之槌關西謂之持从木追聲直類切 持 槌也从木特省聲陟革切 栚 槌之橫者也關西謂之㯰从木灷聲臣鉉等曰當从朕省直衽切 槤 瑚槤也从木連聲臣鉉等曰今俗作璉非是里典切 櫎 所以几器从木廣聲一曰帷屏風之屬臣鉉等曰今別作幌非是胡廣切 㮂 舉食者从木具聲俱燭切 槃 繘耑木也从木𣪊聲古詣切 櫨 絡絲櫨从木爾聲讀若柅奴礼切 機 主發謂之機从木幾聲居衣切 㮴 機持經者从木朕聲詩證切 杼 機之持緯者从木予聲直呂切 榎 機持繒者从木复聲扶富切 楥 履法也从木爰聲讀若指撝吁券切 㮯 㰅夷以木皮爲篋狀如斂尊从木亥聲古哀切 𣘻 棚也从木朋聲薄衡切 棧 棚也竹木之車曰棧从木戔聲士限切 栫 以柴木壅也从木存聲徂悶切 槶 筐當也从木國聲古悔切 梯 木階也从木弟聲土雞切 根 杖也从木長聲一曰法也宅耕切 桊 牛鼻中環也从木类聲居倦切 椯 箠也从木耑聲一曰椯度也一曰剟也兜果切 橜 弋也从木厥聲

一曰門梱也瞿月切
樴 弋也从木戠聲之弋切
杖 持也从木丈聲臣鉉等曰今俗別作仗非是直兩切
柭 棓也从木友聲北末切
棓 棁也从木咅聲步項切
椎 擊也齊謂之終葵从木隹聲直追切
柯 斧柄也从木可聲古俄切
棁 木杖也从木兌聲他活切又之說切
柄 柯也从木丙聲陂病切
棅 或从秉
柲 欑也从木必聲兵媚切
欑 積竹杖也从木贊聲一曰穿也一曰叢木在丸切
杘 籆柄也从木尸聲女履切
柅 或从木尼聲臣鉉等曰柅女氏切木若棃此重出
榜 所以輔弓弩从木旁聲補盲切臣鉉等案李舟切韻一音北孟切淮船也又音北朗切木片也今俗作牓非
檠 榜也从木敬聲巨京切
㯳 栝也从木㥯省聲於謹切
栝 㯳也从木昏聲一曰矢栝築弦處古活切
棊 博棊从木其聲渠之切
椄 續木也从木妾聲子葉切
栙 栙雙也从木夅聲讀若鴻下江切
栝 炊竈木从木舌聲臣鉉等曰當从甛省乃得聲他念切
槽 畜獸之食器从木曹聲昨牢切
臬 射準的也从木从自李陽冰曰自非聲从劓省五結切
桶 木方受六升从木甬聲他奉切
櫓 大盾也从木魯聲郎古切
樐 或从鹵
樂 五聲八音總名象鼓鞞木虡也玉角切
柎 闌足也从木付聲甫無切
枹 擊鼓杖也从木包聲甫無切
椌 柷樂也从木空聲苦江切

柷 樂木空也所以止音爲節从木祝省聲昌六切
槧 牘樸也从木斬聲自琰切
札 牒也从木乙聲側八切
檢 書署也从木僉聲居奄切
檄 二尺書从木敫聲胡狄切
棨 傳信也从木啓省聲康禮切
楘 車歷錄束文也从木敄聲詩曰五楘梁輈莫卜切
枑 行馬也从木互聲周禮曰設梐枑再重胡誤切
梐 梐枑也从木陛省聲邊兮切
极 驢上負也从木及聲或讀若急其輒切
㭕 极也从木去聲去魚切
槅 大車枙从木鬲聲古覈切
欆 車聲中空也从木衆聲讀若藪山樞切
楇 盛膏器从木咼聲讀若過乎臥切
枊 馬柱从木卬聲一曰堅也吾浪切
棝 櫑斗可射鼠从木固聲古慕切
欙 山行所乘者从木纍聲虞書曰予乘四載水行乘舟陸行乘車山行乘欙澤行乘𣉊力追切
榷 水上橫木所以渡者也从木隺聲江岳切
橋 水梁也从木喬聲巨驕切
梁 水橋也从木从水刅聲呂張切
㴓 古文
𣚔 船總名从木叜聲臣鉉等曰今俗別作艘非是穌遭切
橃 海中大船从木發聲臣鉉等曰今俗別作筏非是房越切
楫 舟櫂也从木咠聲子葉切
欚 江中大船名从木蠡聲盧啓切
校 木囚也从木交聲古孝切
樔 澤中守艸樓从木巢聲鉏交切
采 捋取也从木从爪倉宰切
柿 削木札樸也从木巿聲陳楚謂櫝爲柿芳吠切
橫 闌木也从

木黃聲戶盲切 梜 檢柙也从木夾聲古洽切 桄 充也从木光聲古曠切 檇 以木有所擣也从木雋聲春秋傳曰

越敗吳於檇李遵爲切 椓 擊也从木豖聲竹角切 朾 橦也从木丁聲宅耕切 柧 棱也从木瓜聲又柧棱殿

堂上最高之處也古胡切 棱 柧也从木夌聲魯登切 𣡌 伐木餘也从木獻聲商書曰若顛木之有甹𣡌五葛切

櫱 𣡌或从木辥聲 不 古文𣡌从木無頭 枿 亦古文𣡌 枰 平也从木从平平亦聲蒲兵切 拉

折木也从木立聲盧合切 槎 衺斫也从木差聲春秋傳曰山不槎側下切 柮 斷也从木出聲讀若爾雅貀無前足之貀女滑切

檮 斷木也从木𠷎聲春秋傳曰檮柮徒刀切 析 破木也一曰折也从木从斤先激切 棷 木薪也从木取聲側鳩切 梡

梱木薪也从木完聲胡本切 㮝 梡木未析也从木圂聲胡昆切 楄 楄部方木也从木扁聲春秋傳曰楄部薦榦部田切

楅 以木有所逼束也从木畐聲詩曰夏而楅衡彼即切 枼 楄也枼薄也从木世聲臣鉉等曰當从卅乃得聲弋涉切

槱 積火燎之也从木从火酉聲詩曰薪之槱之周禮以槱燎祠司中司命余救切 𥙆 柴祭天神或从示 休 息止也从

人依木許尤切 庥 休或从广 㮇 竟也从木恆聲古鄧切 亙 古文㮇 械 桎梏也从木戒聲一曰器之總名

一曰持也一曰有盛爲械無盛爲器胡戒切 杽 械也从木从手手亦聲敕九切 桎 足械也从木至聲之日切 梏 手械也从木告聲古沃切

櫪 櫪撕椑指也从木歷聲郎擊切 撕 櫪撕也从木斯聲先稽切 檻 櫳也从木監聲一曰圈胡黯切 櫳

檻也从木龍聲盧紅切 柙 檻也以藏虎兕从木甲聲烏匣切 㔼 古文柙 棺 關也所以掩尸从木官聲古丸切

櫬 棺也从木親聲春秋傳曰士輿櫬初僅切 槥 棺櫝也从木彗聲祥歲切 椁 葬有木𩫏也从木𩫏聲古博切 楬

楬桀也从木曷聲春秋傳曰楬而書之其謁切 梟 不孝鳥也日至捕梟磔之从鳥頭在木上古堯切 棐 輔也从木非聲府

尾切

文四百二十一 重三十九

梔 木實可染从木巵聲章移切 榭 臺有屋也从木䠶聲詞夜切 槊 矛也从木朔聲所角切 椸 衣

架也从木施聲以支切 榻 牀也从木𦐇聲土盍切 櫍 柎也从木質聲之日切 櫂 所以進船也从木翟聲或从卓

史記通用濯直教切 橰 桔橰汲水器也从木皋聲古牢切 椿 橛杙也从木舂聲啄江切 櫻 果也从木嬰聲烏莖切

㯈 棟也从木策省聲所厄切

文十二 新附

文四百二十一　重三十九

東 動也从木官溥說从日在木中凡東之屬皆从東得紅切

𣝋 二東曹从此闕

文二

林 平土有叢木曰林从二木凡林之屬皆从林力尋切

無 豐也从林奭或說規模字从大卌數之積也林者木之多也卌與庶同意商書曰庶草繁無徐鍇曰或說大卌爲規模之模諸部無者不審信也文甫切

鬱 木叢生者从林鬱省聲迂弗切

楚 叢木一名荊也从林疋聲創舉切

棽 木枝條棽儷皃从林今聲丑林切

楙 木盛也从林矛聲莫候切

麓 守山林吏也从林鹿聲一曰林屬於山爲麓春秋傳曰沙麓崩盧谷切

𥶷 古文从彔

棼 複屋棟也从林分聲符分切

森 木多皃从林从木讀若曾參之參所今切

文九　重一

梵 出自西域釋書未詳意義扶泛切

文一　新附

才 艸木之初也从丨上貫一將生枝葉一地也凡才之屬皆从才徐鍇曰上一初生岐枝也下一地也昨哉切

文一

說文解字弟六上

東 動也 从木 官溥說 从日在木中 凡東之屬皆从東 [illegible]

𣗥 二東 曹从此 闕

文二

林 平土有叢木曰林 从二木 凡林之屬皆从林 [illegible]

[illegible]

文九 重一

[illegible]

才 艸木之初也 从丨上貫一 將生枝葉 一 地也 凡才之屬皆从才 [illegible]

文一

說文解字弟六上

說文解字第六下

漢太尉祭酒許氏記

銀青光祿大夫守右散騎常侍上柱國東海縣開國子食邑五百戶徐鉉等奉

勅校定

叒 日初出東方湯谷所登榑桑叒木也象形凡叒之屬皆从叒 而灼切

𣎳 籀文

桑 蠶所食葉木从叒木息郎切

文二 重一

之 出也象艸過屮枝莖益大有所之一者地也凡之之屬皆从之 止而切

㞷 艸木妄生也从之在土上讀若皇徐鍇曰妄生謂非所宜生傳曰門上生莠从之在土上土上益高非所宜也戶光切

文二 重一

帀 周也从反之而帀也凡帀之屬皆从帀周盛說 子荅切

師 二千五百人爲師从帀从𠂤𠂤四帀衆意也疎夷切 𡴀 古文師

文二 重一

出 進也象艸木益滋上出達也凡出之屬皆从出 尺律切

敖 游也从出从放五牢切 賣 出物貨也从出从買莫邂切 糶 出穀也从出从糶糶亦聲他弔切 𣥠 槷𣥠不安也从出臬聲易曰槷𣥠徐鍇曰物不安則出不在也五結切

文五

𣎵 艸木盛𣎵𣎵然象形八聲凡𣎵之屬皆从𣎵讀若輩 普活切

𣎴 艸木𣎵孛之皃从𣎵畀聲于貴切 索 艸有莖葉可作繩索从𣎵糸杜林說𣎵亦朱市字蘇各切 孛 𣎵人也 㚔也从

也从子論語曰色孛如也蒲妹切　𣎵止也从𣎵盛而一橫止之也即里切　南艸木至南方有枝任也从𣎵𢆉聲那含切　古文

文六　重一

生進也象艸木生出土上凡生之屬皆从生所庚切

丰艸盛丰丰也从生上下達也敷容切　產生也从生彥省聲所簡切　隆豐大也从生降聲徐鍇曰生而不已益高大也力中切　甤艸木實甤甤也从生豨省聲讀若綏儒隹切　甡衆生並立之皃从二生詩曰甡甡其鹿所臻切

文六

乇艸葉也从垂穗上貫一下有根象形凡乇之屬皆从乇陟格切

文一

𠂹艸木華葉𠂹象形凡𠂹之屬皆从𠂹是爲切　古文

文一　重一

𠌶艸木華也从𠂹亏聲凡𠌶之屬皆从𠌶況于切　𦶔𠌶或从艸从夸　韡盛也从𠌶韋聲詩曰萼不韡韡于鬼切

文二　重一

華榮也从艸从𠌶凡華之屬皆从華戶瓜切　皣艸木白華也从華从白筠輒切

文二

禾木之曲頭止不能上也凡禾之屬皆从禾古兮切

𥝌多小意而止也从禾从攴只聲一曰木也職雉切　𥠖𥝌𥠖也从禾从又句聲又者从丑省一曰木名徐鍇曰丑者束縛也𥝌𥠖不伸之意俱羽切

文三

稽留止也从禾从尤旨聲凡稽之屬皆从稽古兮切

𥡴特止也从稽省卓聲徐鍇曰特止卓立也竹角切　𥢔𥝌𥢔而止也从稽省咎聲讀若皓賈侍中說稽𥡴𥢔三字皆木名古老切

文三

巢鳥在木上曰巢在穴曰窠从木象形凡巢之屬皆从巢鉏交切

㚸傾覆也从寸臼覆之寸人手也从巢省杜林說以爲貶損之貶方斂切

文二

桼木汁可以髹物象形桼如水滴而下凡桼之屬皆从桼親吉切

髤桼也从桼髟聲許由切

䰍桼垸已復桼之从桼包聲匹皃切

文三

束縛也从口木凡束之屬皆从束書玉切

柬分別簡之也从束从八八分別也古限切

𣠔小束也从束幵聲讀若繭古典切

剌戾也从束从刀刀者剌之也徐鍇曰刺乖違也束而乖違者莫若刀也盧達切

文四

𣝋橐也从束圂聲凡𣝋之屬皆从𣝋胡本切

橐囊也从𣝋省石聲他各切

囊橐也从𣝋省襄省聲奴當切

櫜車上大橐从𣝋省咎聲詩曰載櫜弓矢古勞切

𣟍囊張大皃从𣝋省匋省聲符宵切

文五

口回也象回帀之形凡口之屬皆从口羽非切

圜天體也从口睘聲王權切

團圜也从口專聲度官切

㘣規也从口肙聲似沿切

囩回也从口云聲羽巾切

圓圜全也从口員聲讀若員王問切

回轉也从口中象回轉形戶恢切

𡇒古文

圖畫計難也从口从啚啚難意也徐鍇曰規畫之也故从口同都切

圛回行也从口睪聲尚書曰圛圛升雲半有半無讀若驛羊益切

國邦也从口从或古惑切

壼宮中道从口象宮垣道上之形詩曰室家之壼苦本切

囷廩之圜者从禾在口中圜謂之囷方謂之京去

[illegible]

囗 回也象回帀之形凡囗之屬皆从囗

文五

[illegible]

㯻 橐也从束圂聲凡㯻之屬皆从㯻

文四

[illegible]

束 縛也从囗木凡束之屬皆从束

文三

[illegible]

桼 木汁可以髹物象形桼如水滴而下凡桼之

屬皆从桼

[illegible]

文二

[illegible]

巢 鳥在木上曰巢在穴曰窠从木象形凡巢

倫切

圈 養畜之閑也从口卷聲渠篆切

囿 苑有垣也从口有聲一曰禽獸曰囿于救切

𡈉 籒文囿

園 所以樹果也从口袁聲羽元切

圃 種菜曰圃从口甫聲博古切

因 就也从口大 徐鍇曰左傳曰植有禮因重固能大者衆圍就之於眞切

㘥 下取物縮藏之从口从又讀若聶女洽切

囹 獄也从口令聲郎丁切

圄 守之也从口吾聲魚舉切

囚 繫也从人在口中似由切

固 四塞也从口古聲古慕切

圍 守也从口韋聲羽非切

困 故廬也从木在口中苦悶切

𣐊 古文困

圂 廁也从口象豕在口中也會意胡困切

囮 譯也从口化率鳥者繫生鳥以來之名曰囮讀若譌五禾切

䌛 囮或从䌛又音由

文二十六　重四

員 物數也从貝口聲凡員之屬皆从員 徐鍇曰古以貝爲貨故數之王權切

䲀 籒文从鼎

䪻 物數紛䪻亂也从員云聲讀若春秋傳曰宋皇鄖羽文切

文二　重一

貝 海介蟲也居陸名猋在水名蜬象形古者貨貝而寶龜周而有泉至秦廢貝行錢凡貝之屬皆从貝博蓋切

䝿 貝聲也从小貝酥果切

賄 財也从貝有聲呼罪切

財 人所寶也从貝才聲昨哉切

貨 財也从貝化聲呼臥切

䝧 資也从貝爲聲或曰此古貨字讀若貴詭偽切

資 貨也从貝次聲即夷切

贎 貨也从貝萬聲無販切

賑 富也从貝辰聲之忍切

賢 多才也从貝臤聲胡田切

賁 飾也从貝卉聲彼義切

賀 以禮相奉慶也从貝加聲胡箇切

貢 獻功也从貝工聲古送切

贊 見也从貝从兟 臣鉉等曰兟音詵進也執贄而進有司贊相之則旰切

賮 會禮也从貝㶳聲徐刃切

齎 持遺也从貝齊聲祖雞切

貸 施也从貝代聲他代切

貣 从人求物也从貝弋聲他得切

賂 遺也从貝各聲 臣鉉等曰當从路省乃得聲洛故切

賸 物相增加也从貝朕聲一曰送也副也以證切

贈 玩好相送也从貝曾聲昨鄧切

貱 遂予也从貝皮聲彼義切

贛 賜也从貝竷省聲 臣鉉等曰竷非聲未詳古送切

𧷸 籒文贛

賚 賜也从貝來聲周書曰賚介秬鬯洛帶切

賞 賜有功也从貝尚聲書兩切

賜 予也从貝易聲斯義切

貤 重次弟物也从貝也聲以豉切

贏 有餘賈利也从貝𣎵聲 臣鉉等曰當从嬴省乃得聲以成切

賴

贏也从貝剌聲洛帶切 負恃也从人守貝有所恃也一曰受貸不償房九切 貯積也从貝宁聲直呂切 貳
副益也从貝弍聲弍古文二而至切 賓所敬也从貝𡧍聲必鄰切 賓古文 賒貰買也从貝余聲式車切 貰
貸也从貝世聲神夜切 贅以物質錢从敖貝敖者猶放貝當復取之也之芮切 質以物相贅从貝从所闕之日切 貿
易財也从貝丣聲莫候切 贖貿也从貝賣聲殊六切 費散財用也从貝弗聲房未切 責求也
从貝朿聲側革切 賈市也从貝襾聲一曰坐賣售也公戶切 𧶠行賈也从貝商省聲式陽切 販買賤賣貴者从
貝反聲方願切 買市也从网貝孟子曰登壟斷而网市利莫蟹切 賤賈少也从貝戔聲才線切 賦斂也从貝武聲方遇切
貪欲物也从貝今聲他含切 貶損也从貝从乏方斂切 貧財分少也从貝从分分亦聲符巾切 𡰱古文从宀分
賃庸也从貝任聲尼禁切 賕以財物枉法相謝也从貝求聲一曰戴質也巨留切 購以財有所求也从貝冓聲古候切
䝨齎財卜問爲䝨从貝疋聲讀若所疏舉切 貲小罰以財自贖也从貝此聲漢律民不繇貲錢二十二即夷切 賨南蠻
賦也从貝宗聲徂紅切 賣衒也从貝𧶠聲𧶠古文睦讀若育余六切 貴物不賤也从貝臾聲臾古文蕢居胃切 賏

頸飾也从二貝烏莖切

文五十九 重三

貺賜也从貝兄聲許訪切 賵贈死者从貝从冒冒者衣衾覆冒之意撫鳳切 賭博簺也从貝者聲當古切 貼
以物爲質也从貝占聲他叶切 貽贈遺也从貝台聲經典通用詒与之切 賺重買也錯也从貝廉聲佇陷切 賽報也
从貝塞省聲先代切 賻助也从貝尃聲符遇切 贍給也从貝詹聲時豔切

文九 新附

邑國也从口先王之制尊卑有大小从卩凡邑之屬皆从邑於汲切

邦國也从邑丰聲博江切 𡵨古文 郡周制天子地方千里分爲百縣縣有四郡故春秋傳曰上大夫受郡是也至秦初置
三十六郡以監其縣从邑君聲渠運切 都有先君之舊宗廟曰都从邑者聲當孤切 鄰五家爲鄰
从邑粦聲力珍切 酇百家爲酇酇聚也从邑贊聲南陽有酇縣作管切又作旦切 鄙五酇爲鄙从邑啚聲兵美切
郊距國百里爲郊从邑交聲古肴切 邸屬國舍从邑氐聲都禮切 郛郭也从邑孚聲甫無切 郵境上行書

舍从邑垂垂邊也羽求切䣊國甸大夫稍稍所食邑从邑肖聲周禮曰任䣊地在天子三百里之内所教切鄯鄯善西胡國也
从邑从善善亦聲時戰切竆夏后時諸侯夷羿國也从邑竆省聲渠弓切𨛱周封黃帝之後於𨛱也从邑契聲讀若薊上谷
有𨛱縣古詣切邰炎帝之後姜姓所封周棄外家國从邑台聲右扶風斄縣是也詩曰有邰家室土來切郊周文王所封在
右扶風美陽中水鄉从邑支聲巨支切岐郊或从山支聲因岐山以名之也𡵉古文郊从枝从山邠周太王國
在右扶風美陽从邑分聲補巾切豳美陽亭即豳也民俗以夜市有豳山从山从豩闕郿右扶風縣从邑眉聲武悲切
郁右扶風郁夷也从邑有聲於六切鄠右扶風縣名从邑雩聲胡古切扈夏后同姓所封戰於甘者在鄠有扈谷甘亭从
邑戶聲胡古切㞬古文扈从山弓䣙右扶風鄠鄉从邑崩聲沛城父有䣙鄉讀若陪薄回切䢸右扶風鄠鄉从邑且
聲子余切郝右扶風鄠盩厔鄉从邑赤聲呼各切酆周文王所都在京兆杜陵西南从邑豐聲敷戎切鄭京兆縣周
厲王子友所封从邑奠聲宗周之滅鄭徙潧洧之上今新鄭是也直正切郃左馮翊郃陽縣从邑合聲詩曰在郃之陽候閤切𨙻京兆藍田
鄉从邑口聲苦后切𨟊京兆杜陵鄉从邑樊聲附袁切鄜左馮翊縣从邑麃聲甫無切𨞹左馮翊郃陽亭从邑屠聲同都切

邮左馮翊高陵从邑由聲徒歷切𨛦左馮翊谷口鄉从邑季聲讀若寧奴顛切邽隴西上邽也从邑圭聲古畦切部天水
狄部从邑音聲蒲口切郖弘農縣庾地从邑豆聲當侯切鄏河南縣直城門官陌地也从邑辱聲春秋傳曰成王定鼎于郟鄏而蜀切
鄻周邑也从邑輦聲力展切𨝯周邑也从邑祭聲側介切邙河南洛陽北亡山上邑从邑亡聲莫郎切鄩周邑也从邑尋聲徐
林切郗周邑也在河内从邑希聲丑脂切鄆河内沁水鄉从邑軍聲魯有鄆地王問切邶故商邑自河内朝歌以北是也从邑北聲補妹
切邘周武王子所封在河内野王是也从邑于聲又讀若區況于切𨞓殷諸侯國在上黨東北从邑𥝢聲𥝢古文利商書西伯戡𨞓
郎奚切邵晉邑也从邑召聲寔照切鄍晉邑也从邑冥聲春秋傳曰伐鄍三門莫經切鄐晉邢侯邑从邑畜聲丑六切
鄇晉之溫地从邑侯聲春秋傳曰爭鄇田胡遘切邲晉邑也从邑必聲春秋傳曰晉楚戰于邲毗必切郤晉大夫叔虎邑
也从邑谷聲綺戟切𨛘河東聞喜縣从邑非聲薄回切𨞙河東聞喜聚从邑虔聲渠焉切𨛔河東聞喜鄉从邑匡
聲去王切鄈河東臨汾地即漢之所祭后土處从邑癸聲揆唯切邢周公子所封地近河内懷从邑开聲戶經切鄔
太原縣从邑烏聲安古切祁太原縣从邑示聲巨支切鄴魏郡縣从邑業聲魚怯切郱鄭地郱亭从邑井聲戶經切邯

[illegible]

[illegible]

趙邯鄲縣。从邑甘聲。胡安切
鄲 邯鄲縣。从邑單聲。都寒切
郇 周武王子所封國，在晉地。从邑旬聲。讀若泓。相倫切
鄃 清河縣。从邑俞聲。式朱切
鄗 常山縣。世祖所即位，今爲高邑。从邑高聲。呼各切
鄡 鉅鹿縣。从邑梟聲。牽遙切
鄚 涿郡縣。从邑莫聲。慕各切
郅 北地郁郅縣。从邑至聲。之日切
鄋 北方長狄國也。在夏爲防風，在殷爲汪芒氏。从邑叜聲。春秋傳曰：鄋瞞侵齊。所鳩切
鄦 炎帝太嶽之胤甫侯所封，在潁川。从邑無聲。讀若許。虛呂切
邟 潁川縣。从邑亢聲。苦浪切
郾 潁川縣。从邑匽聲。於建切
郟 潁川縣。从邑夾聲。工洽切
郪 新郪，汝南縣。从邑妻聲。七稽切
鄎 姬姓之國，在淮北。从邑息聲。今汝南新郪。相即切
郋 汝南邵陵里。从邑自聲。讀若奚。胡雞切
⿰旁阝 汝南鮦陽亭。从邑旁聲。步光切
郹 蔡邑也。从邑狊聲。春秋傳曰：郹陽封人之女奔之。古闃切
鄧 曼姓之國，今屬南陽。从邑登聲。徒亘切
鄾 鄧國地也。从邑憂聲。春秋傳曰：鄧南鄙鄾人攻之。於求切
⿰号阝 南陽淯陽鄉。从邑号聲。乎刀切
鄛 南陽棗陽鄉。从邑巢聲。鉏交切
⿰襄阝 今南陽穰縣是。从邑襄聲。汝羊切
⿰婁阝 南陽穰鄉。从邑婁聲。力朱切
⿰里阝 南陽西鄂亭。从邑里聲。良止切
⿰羽阝 南陽舞陰亭。从邑羽聲。王榘切
郢 故楚都，在南郡江陵北十里。从邑呈聲。以整切
𨛍 郢或省。
鄢 南郡縣。孝惠三年改名宜城。从邑焉聲。於乾切
鄳 江夏縣。从邑黽聲。莫杏切
⿰葛阝 南陽陰鄉。从邑葛聲。古達切

鄂 江夏縣。从邑咢聲。五各切
邔 南陽縣。从邑己聲。居擬切
邾 江夏縣。从邑朱聲。陟輸切
鄖 漢南之國。从邑員聲。漢中有鄖關。羽文切
鄘 南夷國。从邑庸聲。余封切
郫 蜀縣也。从邑卑聲。符支切
⿰壽阝 蜀江原地。从邑壽聲。市流切
⿰耤阝 蜀地也。从邑耤聲。秦昔切
⿰蔓阝 蜀廣漢鄉也。从邑蔓聲。讀若蔓。無販切
邡 什邡，廣漢縣。从邑方聲。府良切
⿰馬阝 存⿰馬阝，犍爲縣。从邑馬聲。莫駕切
鄨 牂牁縣。从邑敝聲。讀若驚雉之驚。必袂切
⿰包阝 地名。从邑包聲。布交切
那 西夷國。从邑冄聲。安定有朝那縣。諾何切
鄱 鄱陽，豫章縣。从邑番聲。薄波切
酃 長沙縣。从邑霝聲。郎丁切
郴 桂陽縣。从邑林聲。丑林切
⿰耒阝 今桂陽耒陽縣。从邑耒聲。盧對切
鄮 會稽縣。从邑貿聲。莫候切
鄞 會稽縣。从邑堇聲。語斤切
⿰巿阝 沛郡。从邑巿聲。博蓋切
邴 宋下邑。从邑丙聲。兵永切
⿰虘阝 沛國縣。从邑虘聲。昨何切
⿰少阝 地名。从邑少聲。書沼切
⿰臣阝 地名。从邑臣聲。植鄰切
⿰毚阝 宋地也。从邑毚聲。讀若讒。士咸切
⿰晉阝 宋魯閒地。从邑晉聲。即移切
郜 周文王子所封國。从邑告聲。古到切
鄄 衛地，今濟陰鄄城。从邑垔聲。吉掾切
邛 邛地，在濟陰縣。从邑工聲。渠容切
鄶 祝融之後，妘姓所封，潧洧之閒，鄭滅之。从邑會聲。古外切
邧 鄭邑也。从邑元聲。虞遠切
郔 鄭地。从邑延聲。以然切
郠 琅邪莒邑。从邑更聲。春秋傳曰：取郠。古杏切
鄅 妘姓之國。从邑

鄉 國離邑民所封鄉也嗇夫別治封圻之内六鄉六鄉治之从𨛜皀聲許良切

𨞙 里中道从𨛜从共皆在邑中所共也胡絳切

巷 篆文从𨛜省

文三　重一

說文解字第六下

巷 篆文从𨛜省

文三 重一

說文解字弟六下

說文解字弟七上　漢太尉祭酒許慎記

銀青光祿大夫守右散騎常侍上柱國東海縣開國子食邑五百戶臣徐鉉等奉

敕校定

五十六部　文七百一十四　重百一十五

凡八千六百四十七字

文四十二新附

日　實也太陽之精不虧从囗一象形凡日之屬皆从日人質切

⊙　古文象形　旻　秋天也从日文聲虞書曰仁閔覆下則稱旻天武巾切　時　四時也从日寺聲市之切　旹　古文時从之日

早　晨也从日在甲上子浩切　昒　尚冥也从日勿聲呼骨切　昧　爽旦明也从日未聲一曰闇也莫佩切　暏

旦明也从日者聲當古切　晢　昭晢明也从日折聲禮曰晢明行事旨熱切　昭　日明也从日召聲止遙切　晤　明也从日吾聲詩曰晤辟有摽五故切　旳　明也从日勺聲易曰為旳顙都歷切　晄　明也从日光聲胡廣切　曠　明也从日廣聲苦謗切

旭　日旦出皃从日九聲讀若勖一曰明也臣鉉等曰九非聲未詳許玉切　晉　進也日出萬物進从日从臸易曰明出地上晉臣鉉等案臸到也會意即刃切　暘　日出也从日昜聲虞書曰暘谷與章切　啓　雨而晝姓也从日啓省聲康礼切　晹　日覆雲暫見也从日易聲羊益切　昫　日出溫也从日句聲北地有昫衍縣火于切又火句切　晛　日見也从日从見見亦聲詩曰見晛曰消胡甸切

晏　天清也从日安聲烏諫切　曣　星無雲也从日燕聲於甸切　景　光也从日京聲居影切　晧　日出皃从日告聲胡老切　暤　皓旰也从日臯聲胡老切　曅　光也从日从𠦬筠輒切　暉　光也从日軍聲許歸切　旰　晚也从日干聲春秋傳曰日旰君勞古案切　暆　日行暆暆也从日施聲樂浪有東暆縣讀若酏弋支切　晷　日景也从日咎聲居洧切　𣅝　日在西方時側也从日仄聲易曰日𣅝之離臣鉉等曰今俗別作昃非是阻力切

晚　莫也从日免聲無遠切　昏　日冥也从日氐省氐者下也一曰民聲呼昆切　𣉏　日旦昏時从日䜌聲讀若新城䜌中洛官切　晻　不明也从日奄聲烏感切　暗　日無光也从日音聲烏紺切　晦　月盡也从日每聲荒內切　𣊻　埃𣊻日無光也从日

[illegible]

○亥[illegible]

皆从亥

文四十[illegible]新附

凡[illegible]十一部 六百[illegible]十[illegible]

五十六部 文[illegible]百[illegible]十四 重[illegible]百[illegible]十[illegible]

[illegible]

[illegible]青光祿大夫守右散騎常侍上柱國東海縣開國子食邑五百戶臣徐鉉等奉[illegible]

說文解字弟十五上 漢太尉祭酒許慎記

能聲。奴代切。曀 陰而風也。从日壹聲。詩曰：終風且曀。於計切。旱 不雨也。从日干聲。乎旰切。㫐 望遠合也。从日匕。匕，合也。讀若窈窕之窈。

徐鍇曰：比，相近也，故曰合也。烏皎切。昴 白虎宿星。从日卯聲。莫飽切。曏 不久也。从日鄉聲。春秋傳曰：曏役之三月。許兩切。曩 曏也。从日襄聲。奴朗切。昨 壘日也。从日乍聲。在各切。暇 閑也。从日叚聲。胡嫁切。暫 不久也。从日斬聲。藏濫切。昪 喜樂皃。从日弁聲。皮變切。昌 美言也。从日从曰。一曰日光也。詩曰：東方昌矣。臣鉉等曰：曰，亦言也。尺良切。𡇒 籒文昌。暀 光美也。从日往聲。于放切。昄 大也。从日反聲。補綰切。昱 明日也。从日立聲。余六切。㬉 溫溼也。从日，赧省聲。讀與赧同。女版切。

暍 傷暑也。从日曷聲。於歇切。暑 熱也。从日者聲。舒呂切。㬮 安㬮，溫也。从日難聲。奴案切。㬎 眾微杪也。从日中視絲。古文以爲顯字。或曰眾口皃。讀若唫唫。或以爲繭；繭者，絮中往往有小繭也。五合切。㬥 晞也。从日从出从廾从米。薄報切。𣋡 古文㬥，从日麃聲。曬 暴也。从日麗聲。所智切。暵 乾也。耕暴田曰暵。从日堇聲。易曰：燥萬物者莫暵于離。臣鉉等曰：當从漢省，乃得聲。呼旰切。晞 乾也。从日希聲。香衣切。昔 乾肉也。从殘肉，日以晞之。與俎同意。思積切。𦠆 籒文从肉。暱 日近也。从日匿聲。春秋傳曰：私降暱燕。尼質切。昵 暱或从尼。𣉻 日狎習相慢也。从日執聲。私列切。㫘 不見也。从日，否省聲。美畢切。昆 同也。从日从比。

徐鍇曰：日日比之，是同也。古渾切。晐 兼晐也。从日亥聲。古哀切。普 日無色也。从日从竝。徐鍇曰：日無光則遠近皆同，故从竝。滂古切。曉 明也。从日堯聲。呼鳥切。昕 旦明，日將出也。从日斤聲。讀若希。許斤切。

文七十　重六

曈 曈曨，日欲明也。从日童聲。徒紅切。曨 曈曨也。从日龍聲。盧紅切。昈 明也。从日戶聲。侯古切。昉 明也。从日方聲。分兩切。晙 明也。从日夋聲。子峻切。晟 明也。从日成聲。承正切。昶 日長也。从日永。會意。丑兩切。暈 日月气也。从日軍聲。王問切。晬 周年也。从日卒，卒亦聲。子內切。映 明也。隱也。从日央聲。於敬切。曙 曉也。从日署聲。常恕切。昳 日昃也。从日失聲。徒結切。曇 雲布也。从日雲。會意。徒含切。曆 曆象也。从日厤聲。史記通用歷。郎擊切。昂 舉也。从日卬聲。五岡切。昇 日上也。从日升聲。古只用升。識蒸切。

文十六　新附

旦 明也。从日見一上。一，地也。凡旦之屬皆从旦。得案切。

暨 日頗見也。从旦既聲。其異切。

文二

倝 日始出，光倝倝也。从旦㫃聲。凡倝之屬皆

𠦝 古案切

𠦝 闕 朝 旦也从倝舟聲 陟遙切

文三

㫃 旌旗之游㫃蹇之皃从屮曲而下垂㫃相出入也讀若偃古人名㫃字子游凡㫃之屬皆从㫃 於幰切

㫃 古文㫃字象形及象旌旗之游

旐 龜蛇四游以象營室游游而長从㫃兆聲周禮曰縣鄙建旐 治小切

旗 熊旗五游以象罰星士卒以為期从㫃其聲周禮曰率都建旗 渠之切

旆 繼旐之旗也沛然而垂从㫃𣳰聲 蒲蓋切

旌 游車載旌析羽注旄首所以精進士卒从㫃生聲 子盈切

旟 錯革畫鳥其上所以進士眾旟旟眾也从㫃與聲周禮曰州里建旟 以諸切

旂 旗有眾鈴以令眾也从㫃斤聲 渠希切

旞 導車所以載全羽以為允允進也从㫃遂聲 徐醉切

䆝 旞或从遺

旝 建大木置石其上發以機以追敵也从㫃會聲春秋傳曰旝動而鼓詩曰其旝如林 古外切

旃 旗曲柄也所以旃表士眾从㫃丹聲周禮曰通帛為旃 諸延切

旜 旃或从亶

䍃 旌旗之游也从㫃攸聲 以周切

𣄠 旗屬从㫃要聲 烏皎切

施 旗皃从㫃也聲亝欒施字子旗知施者旗也 式支切

旖 旗旖施也从㫃奇聲 於离切

旚 旌旗旚繇也从㫃票聲 匹招切

𣄴 旌旗飛揚皃从㫃猋聲 甫遙切

游 旌旗之流也从㫃汓聲 以周切

𨑒 古文游

旇 旌旗披靡也从㫃皮聲 敷羈切

旋 周旋旌旗之指麾也从㫃从疋疋足也 徐鍇曰人足隨旌旗以周旋也 似沿切

旄 幢也从㫃从毛毛亦聲 莫袍切

旛 幅胡也从㫃番聲 臣鉉等曰胡幅之下垂者也 孚袁切

旅 軍之五百人為旅从㫃从从从俱也 力舉切

𣃚 古文旅古文以為魯衛之魯

族 矢鋒也束之族族也从㫃从矢 昨木切

文二十三 重五

冥 幽也从日从六冖聲日數十十六日而月始虧幽也凡冥之屬皆从冥 莫經切

鼆 冥也从冥黽聲讀若黽蛙之黽 武庚切

文二

晶 精光也从三日凡晶之屬皆从晶 子盈切

曐 萬物之精上爲列星从晶生聲一曰象形从口古口復注中故與日同桑經切 𠻜 古文星 星 曐或省

曑 商星也从晶㐱聲臣鉉等曰㐱非聲未詳所今切 曑 曑或省

曟 房星爲民田時者从晶辰聲植鄰切 晨 曟或省

疊 楊雄說以爲古理官決罪三日得其宜乃行之从晶从宜亡新以爲疊从三日太盛改爲三田徒叶切

文五　重四

月 闕也大陰之精象形凡月之屬皆从月魚厥切

朔 月一日始蘇也从月屰聲所角切

朏 月未盛之明从月出周書曰丙午朏普乃切又芳尾切

霸 月始生霸然也承大月二日承小月三日从月䨣聲周書曰哉生霸普伯切臣鉉等曰今俗作必駕切以爲霸王字 𩇯 古文霸

朗 明也从月良聲盧黨切

朓 晦而月見西方謂之朓从月兆聲土了切

肭 朔而月見東方謂之縮肭从月内聲女六切

期 會也从月其聲渠之切 𣅈 古文期从日丌

文八　重二

朦 月朦朧也从月蒙聲莫工切

朧 朦朧也从月龍聲盧紅切

文二　新附

有 不宜有也春秋傳曰日月有食之从月又聲凡有之屬皆从有云九切

䎡 有文章也从有惑聲於六切

龓 兼有也从有龍聲讀若聾盧紅切

文三

朙 照也从月从囧凡朙之屬皆从朙武兵切 明 古文朙从日

朚 翌也从明亡聲呼光切

文二　重一

囧 窻牖麗廔闓明象形凡囧之屬皆从囧讀若獷賈侍中說讀與明同俱永切

盟 周禮曰國有疑則盟諸侯再相與會十二歲一盟北面詔天之司愼司命盟殺牲歃血朱盤玉敦以立牛耳从囧从血武兵切 盟 篆文从朙 盟 古文从明

文二　重二

夕 莫也从月半見凡夕之屬皆从夕祥易切

夜　舍也天下休舍也从夕亦省聲羊謝切　夢　不明也从夕瞢省聲莫忠切又亡貢切　夗　轉卧也从夕从卪卧有卪也於阮切　夤　敬惕也从夕寅聲易曰夕惕若厲翼眞切　𡖟　籒文夤　姓　雨而夜除星見也从夕生聲臣鉉等曰今俗別作晴非是疾盈切　外　遠也卜尚平旦今夕卜於事外矣五會切　𡖄　古文外　㚢　早敬也从丮持事雖夕不休早敬者也臣鉉等曰今俗書作夙爲息逐切　𠈇　古文夙从人㐭　㑦　亦古文夙从人㐭宿从此　𡖕　宋也从夕莫聲莫白切

文九　重四

多　重也从重夕夕者相繹也故爲多重夕爲多重日爲曡凡多之屬皆从多得何切　𡖋　古文多　夥　齊謂多爲夥从多果聲乎果切　𡖈　大也从多圣聲苦回切　㚇　厚脣皃从多从尚徐鍇曰多即厚也陟加切

文四　重一

毌　穿物持之也从一橫貫象寶貨之形凡毌之屬皆从毌讀若冠古丸切　貫　錢貝之貫从毌貝古玩切　虜　獲也从毌从力虍聲郎古切

文三

马　嘾也艸木之華未發函然象形凡马之屬皆从马讀若含乎感切　𢎘　舌也象形舌體马马从马马亦聲胡男切　𦙽　俗𢎘从肉今　𢎘　木生條也从马由聲商書曰若顛木之有𢎘枿古文言由枿徐鍇曰說文無由字今尚書只作由枿盖古文省马而後人因省之通用爲因由等字从马上象枝條華函之形臣鉉等案孔安国注尚書直訓由作用也用枿之語不通以州切　甬　艸木華甬甬然也从马用聲余隴切　𢎜　艸木马盛也从二马胡先切

文五　重一

東　木垂華實从木马马亦聲凡東之屬皆从東胡感切

𩏂 束也从束韋聲徐鍇曰言束之象木華實之相累也于非切

文二

𠧪 艸木實垂𠧪𠧪然象形凡𠧪之屬皆从𠧪讀若調 徒遼切

𠧪 籀文三𠧪為𠧪 㮚 木也从木其實下垂故从𠧪力質切 𣡌 古文㮚从西从二𠧪徐巡說木至西方戰㮚

粟 嘉穀實也从𠧪从米孔子曰粟之為言續也相玉切 𥻆 籀文

文三 重三

齊 禾麥吐穗上平也象形凡齊之屬皆从齊 徐鍇曰生而齊者莫若禾麥二地也兩旁在低處也徂兮切

𪗉 等也从齊妻聲徂兮切

文二

朿 木芒也象形凡朿之屬皆从朿讀若刺 七賜切

棗 羊棗也从重朿子皓切 棘 小棗叢生者从並朿己力切

文三

六下大十小二又七十六　一六七上　六

片 判木也从半木凡片之屬皆从片 匹見切

版 判也从片反聲布綰切 𤗏 判也从片畐聲芳逼切 牘 書版也从片賣聲徒谷切 牒 札也从片枼聲徒叶切 牑 牀版也从片扁聲讀若邊方田切 牖 穿壁以木為交窻也从片戶甫譚長以為甫上日也非戶也牖所以見日與久切 牏 築牆短版也从片俞聲讀若俞一曰若紐度侯切

文八

鼎 三足兩耳和五味之寶器也昔禹收九牧之金鑄鼎荆山之下入山林川澤螭魅蝄蜽莫能逢之以協承天休易卦巽木於下者為鼎象析木以炊也籀文以鼎為貞字凡鼎之屬皆从鼎 都挺切

鼒 鼎之圜掩上者从鼎才聲詩曰鼐鼎及鼒子之切 鎡 俗鼒从金从茲 鼐 鼎之絕大者从鼎乃聲魯詩

說鼐小鼎奴代切

鼏 以木橫貫鼎耳而舉之从鼎冂聲周禮廟門容大鼏七箇即易玉鉉大吉也莫狄切

文四　重一

克 肩也象屋下刻木之形凡克之屬皆从克 徐鍇曰肩任也負何之名也與人肩膊之義通能勝此物謂之克苦得切

𠅏 古文克

𠭥 亦古文克

文一　重二

彔 刻木彔彔也象形凡彔之屬皆从彔 盧谷切

文一

禾 嘉穀也二月始生八月而孰得時之中故謂之禾禾木也木王而生金王而死从木从𠂹省𠂹象其穗凡禾之屬皆从禾 戶戈切

秀 上諱 漢光武帝名也徐鍇曰禾實也有實之象下垂也息救切

稼 禾之秀實爲稼莖節爲禾从禾家聲一曰稼家事也一曰在野曰稼古訝切

穡 穀可收曰穡从禾嗇聲所力切

穜 埶也从禾童聲之用切

稙 早穜也从禾直聲詩曰稙穉尗麥常職切

種 先穜後孰也从禾重聲直容切

稑 疾孰也从禾坴聲詩曰黍稷穜稑力竹切

穋 稑或从翏

稺 幼禾也从禾屖聲直利切

稹 穜穊也从禾眞聲周禮曰稹理而堅之忍切

稠 多也从禾周聲直由切

穊 稠也从禾既聲几利切

稀 疏也从禾希聲徐鍇曰當言从爻从巾無聲字爻者稀疏之義與爻同意巾象禾之根莖至於莃晞皆當从稀省何以知之說文無希字故也香依切

穠 禾也从禾蔑聲莫結切

穆 禾也从禾㣎聲莫卜切

私 禾也从禾厶聲北道名禾主人曰私主人息夷切

𥝩 稻紫莖不黏也从禾糞聲讀若靡扶沸切

稷 齋也五穀之長从禾畟聲子力切

𥡎 古文稷省

𪗉 稷也从禾亝聲即夷切

秶 𪗉或从次

秫 稷之黏者从禾朮象形食聿切

朮 秫或省禾

穄 穈也从禾祭聲子例切

稻 稌也从禾舀聲徒皓切

稌 稻也从禾余聲周禮曰牛宜稌徒古切

稬 沛國謂稻曰稬从禾耎聲奴亂切

稴 稻不黏者从禾兼聲讀若風廉之廉力兼切

秔 稻屬从禾亢聲古行切

稉 秔或

从更聲 秏 稻屬从禾毛聲伊尹曰飯之美者玄山之禾南海之秏 呼到切 穬 芒粟也从禾廣聲 古猛切 秜 稻今年落來年自生
謂之秜从禾尼聲 里之切 稗 禾別也从禾卑聲琅邪有稗縣 旁卦切 移 禾相倚移也从禾多聲一曰禾名 臣鉉等曰多與移聲不
相近葢古有此音 弋支切 穎 禾末也从禾頃聲詩曰禾穎穟穟 余頃切 𥝩 禾齊謂麥𥝩也从禾來聲 洛哀切 采 禾成
秀也人所以收从爪禾 徐醉切 穗 采或从禾惠聲 杓 禾危穟也从禾勺聲 都了切 穟 禾采之皃从禾遂聲詩曰禾穎穟穟
徐醉切 𦳝 穟或从艸 䅎 禾垂皃从禾耑聲讀若端 丁果切 䅬 禾舉出苗也从禾曷聲 居謁切 秒 禾芒也从
禾少聲 亡沼切 穖 禾穖也从禾幾聲 居狶切 秠 一稃二米从禾丕聲詩曰誕降嘉穀惟秬惟秠天賜后稷之嘉穀也 敷悲切
秨 禾搖皃从禾乍聲讀若昨 在各切 穮 耕禾閒也从禾麃聲春秋傳曰是穮是衮 甫嬌切 案 轢禾也从禾安聲 烏
旰切 秄 壅禾本从禾子聲 即里切 穧 穫刈也一曰撮也从禾齊聲 在詣切 穫 刈穀也从禾蒦聲 胡郭切 𥣬 積禾也从
禾資聲詩曰𥣬之秩秩 即夷切 積 聚也从禾責聲 則歷切 秩 積也从禾失聲詩曰積之秩秩 直質切 稛
絭束也从禾囷聲 苦本切 稞 穀之善者从禾果聲一曰無皮穀 胡瓦切 秳 舂粟不潰也从禾昏聲 戶括切 𥝌 稭也

从禾气聲 居气切 稃 稽也从禾孚聲 芳無切 𥢔 稃或从米付聲 穭 糠也从禾會聲 苦會切 穅 穀皮也从禾从
米庚聲 苦岡切 康 穅或省 䅐 禾皮也从禾羔聲 臣鉉等曰羔聲不相近未詳 之若切 稭 禾稾去其皮祭天以爲席从禾皆聲
古黠切 稈 禾莖也从禾旱聲春秋傳曰或投一秉稈 古旱切 秆 稈或从干 稾 稈也从禾高聲 古老切
秕 不成粟也从禾比聲 卑履切 稍 麥莖也从禾肙聲 古玄切 䅖 黍穰也从禾㓼聲 良薛切 穰 黍䅖已治者从
禾襄聲 汝羊切 秧 禾若秧穰也从禾央聲 於良切 䅉 䅉程穀名从禾㫄聲 蒲庚切 𥟝 䅉𥟝也从禾皇聲 戶光切
秊 穀孰也从禾千聲春秋傳曰大有秊 奴顛切 穀 續也百穀之總名从禾㱿聲 古祿切 稔 穀孰也从禾念聲春秋傳
曰不五稔 而甚切 租 田賦也从禾且聲 則吾切 稅 租也从禾兌聲 輸芮切 䆃 禾也从禾道聲司馬相如曰䆃一莖六穗 徒到切
穌 把取禾若也从禾魚聲 素孤切 稍 出物有漸也从禾肖聲 所教切 秋 禾穀孰也从禾
𪏰省聲 七由切 𪛁 籒文不省 秦 伯益之後所封國地宜禾从禾舂省一曰秦禾名 匠鄰切 𥠘 籒文秦从秝 稱
銓也从禾爯聲春分而禾生日夏至晷景可度禾有秒秋分而秒定律數十二秒而當一分十分而寸其以爲重十二粟爲一分十二分爲一銖故諸

程品皆从禾。處陵切

科　程也。从禾从斗。斗者，量也。苦禾切

程　品也。十髮爲程，一程爲分，十分爲寸。从禾呈聲。直貞切

稯　布之八十縷爲稯。从禾㚇聲。子紅切

秭　五稯爲秭。从禾𠂔聲。一曰數億至萬曰秭。將几切

秅　二秭爲秅。从禾乇聲。周禮曰：二百四十斤爲秉，四秉曰筥，十筥曰稯，十稯曰秅，四百秉爲一秅。宅加切

䄷　百二十斤也。稻一䄷爲粟二十斗，禾黍一䄷爲粟十六斗大半斗。从禾石聲。常隻切

稘　復其時也。从禾其聲。虞書曰：稘三百有六旬。居之切

文八十七　重十三

穩　蹂穀聚也。一曰安也。从禾，隱省。古通用安隱。烏本切

稕　束稈也。从禾辜聲。之閏切

文二　新附

秝　稀疏適也。从二禾。凡秝之屬皆从秝。讀若歷。郎擊切

兼　并也。从又持秝。兼持二禾，秉持一禾。古甜切

文二

黍　禾屬而黏者也。以大暑而種，故謂之黍。从禾，雨省聲。孔子曰：黍可爲酒，禾入水也。凡黍之屬皆从黍。舒呂切

䵐　穄也。从黍麻聲。靡爲切

䵑　黍屬。从黍卑聲。并弭切

黏　相箸也。从黍占聲。女廉切

⿰黍古　黏也。从黍古聲。戶吳切

⿰米古　⿰黍古或从米。

⿰黍日　黏也。从黍日聲。春秋傳曰：不義不⿰黍日。尼質切

⿰黍刃　⿰黍日或从刃。

黎　履黏也。从黍，杒省聲。杒，古文利。作履黏以黍米。郎奚切

⿰黍畐　治黍禾豆下潰葉。从黍畐聲。蒲北切

文八　重二

香　芳也。从黍从甘。春秋傳曰：黍稷馨香。凡香之屬皆从香。許良切

馨　香之遠聞者。从香殸聲。殸，籀文磬。呼形切

文二

馥　香气芬馥也。从香复聲。房六切

文一　新附

米　粟實也。象禾實之形。凡米之屬皆从米。莫禮切

粱　米名也。从米，梁省聲。呂張切

⿰米焦　早取穀也。从米焦聲。一曰小。側角切

粲　稻重一䄷，爲粟二十斗，爲米十斗，曰毇；爲米六斗太半斗，曰粲。从米㕛聲。倉案切

糲　粟重一䄷，爲十六斗太半斗，舂爲米一斛曰糲。从米萬聲。洛帶切

精　擇也。从米

𣎵 分枲莖皮也。从屮，八象枲之皮莖也。凡𣎵之屬皆从𣎵。讀若髕。[illegible]

[illegible]

文二

文一 [illegible]

𣏟 葩之總名也。𣏟之爲言微也，微纖爲功。象形。凡𣏟之屬皆从𣏟。[illegible]

[illegible]

文二

麻 與𣏟同。人所治，在屋下。从广从𣏟。凡麻之屬皆从麻。[illegible]

[illegible]

文[illegible]

尗 豆也。象尗豆生之形也。凡尗之屬皆从尗。[illegible]

[illegible]

文二

耑 物初生之題也。上象生形，下象其根也。凡耑之屬皆从耑。[illegible]

[illegible]

文一

韭 [illegible]

[illegible]

文[illegible] 重十[illegible]

[illegible]

青聲子盈切 粺 毇也从米卑聲旁卦切 粗 疏也从米且聲徂古切 䊆 惡米也从米北聲周書有䊆誓兵媚切

糱 牙米也从米辥聲魚列切 粒 糂也从米立聲力入切 䬼 古文粒 釋 漬米也从米睪聲施隻切 糂 以米和羹也一曰粒也从米甚聲桑感切 糣 籒文糂从朁 糝 古文糂从參 糪 炊米者謂之糪从米辟聲博厄切

糜 糝也从米麻聲靡為切 䉽 糜和也从米覃聲讀若鄲徒感切 𥻆 潰米也从米尼聲交阯有𥻆泠縣武夷切 䊤 酒母也从米䈞省聲駒六切 䴹 䊤或从麥鞠省聲 糟 酒滓也从米曹聲作曹切 𨠔 籒文从酉 糒 乾也从米𤰈聲平祕切

糗 熬米麥也从米臭聲去九切 𥺝 舂糗也从臼米其九切 糈 糧也从米胥聲私呂切 糧 穀也从米量聲呂張切 粈 雜飯也从米丑聲女久切 ⿰米翟 穀也从米翟聲他弔切 ⿰米蔑 麩也从米蔑聲莫撥切 粹 不雜也从米卒聲雖遂切 氣 饋客芻米也从米气聲春秋傳曰齊人來氣諸侯許既切 槩 氣或从既 餼 氣或从食

粠 陳臭米从米工聲戶工切 粉 傅面者也从米分聲方吻切 𥻨 粉也从米卷聲去阮切 ⿰米悉 糳米也从米悉聲私列切 𥽂 𥽂糳散之也从米殺聲桑割切 䊳 碎也从米靡聲摸臥切 竊 盜自中出曰竊从穴从米禼廿皆聲廿古文疾禼古文偰千結切

文三十六　重七

粻 食米也从米長聲陟良切 粕 糟粕酒滓也从米白聲匹各切 粔 粔籹膏環也从米巨聲其呂切 籹 粔籹也从米女聲人渚切 糉 蘆葉裹米也从米㚇聲作弄切 糖 飴也从米唐聲徒郎切

文六　新附

毇 米一斛舂為八斗也从臬从殳凡毇之屬皆从毇許委切

糳 糲米一斛舂為九斗曰糳从毇丵聲則各切

文二

臼 舂也古者掘地為臼其後穿木石象形中米也凡臼之屬皆从臼其九切

舂 擣粟也从廾持杵臨臼上午杵省也古者雝父初作舂書容切 䑝 齊謂舂曰䑝从臼屰聲讀若膊匹各切 臿 舂去麥皮也从臼干所以臿之楚洽切 舀 抒臼也从爪臼詩曰或簸或舀以沼切 抭 舀或从手从宂 𦥷 舀或从臼宂

臽 小阱也从人在臼上戶猎切

文六 重二

凶 惡也象地穿交陷其中也凡凶之屬皆从凶 許容切

兇 擾恐也从人在凶下春秋傳曰曹人兇懼 許拱切

文二

說文解字弟七上

說文解字弟七下　漢太尉祭酒許氏記

銀青光祿大夫守右散騎常侍上柱國東海縣開國子食邑五百戶臣徐鉉等奉

敕校定

朩 分枲莖皮也从屮八象枲之皮莖也凡朩之屬皆从朩讀若髕匹刃切

枲 麻也从朩台聲胥里切 [illegible] 籀文枲从林从辝

文二　重一

𣏟 葩之總名也𣏟之爲言微也微纖爲功象形凡𣏟之屬皆从𣏟匹卦切

檾 枲屬从林熒省詩曰衣錦檾衣去潁切

𣏣 分離也从攴从林林分敝之意也穌旰切

文三

麻 與林同人所治在屋下从广从林凡麻之屬皆从麻莫遐切

䵝 未練治纑也从麻後聲臣鉉等曰後非聲疑復字譌當从復省乃得聲空谷切

黀 麻藍也从麻取聲側鳩切

𪎌 檾屬从麻俞聲度侯切

文四

尗 豆也象尗豆生之形也凡尗之屬皆从尗式竹切

敊 配鹽幽尗也从尗攴聲是義切 豉 俗敊从豆

文二　重一

耑 物初生之題也上象生形下象其根也凡耑之屬皆从耑臣鉉等曰中一地也多官切

文一

韭 菜名一種而久者故謂之韭象形在一之上一地也此與耑同意凡韭之屬皆从韭舉友切

䪥 䪢也从韭隊聲徒對切

䪢 䪥也从韭次𠦒皆聲祖雞切 齏 䪢或从齊

韰 菜也葉似韭从韭㲋聲胡戒切

韱 山韭也从韭𢦏聲息廉切 䪤 小蒜也从韭番聲附袁切 文六 重一

瓜 㼌也象形凡瓜之屬皆从瓜古華切

瓝 小瓜也从瓜交聲臣鉉等曰交非聲未詳蒲角切 瓞 㼤也从瓜失聲詩曰緜緜瓜瓞徒結切 𤬪 瓞或从弗

𤬏 小瓜也从瓜熒省聲戶扃切 㼤 瓜也从瓜繇省聲余昭切 瓣 瓜中實从瓜辡聲蒲莧切 㼌 本不勝末微弱也从二瓜讀若庾以主切

文七 重一

瓠 匏也从瓜夸聲凡瓠之屬皆从瓠胡誤切

瓢 蠡也从瓠省票聲符宵切

文二

宀 交覆深屋也象形凡宀之屬皆从宀武延切

家 居也从宀豭省聲古牙切 𡧈 古文家 宅 所託也从宀乇聲場伯切 𡧚 古文宅 厇 亦古文宅 室 實也从宀从至至所止也式質切 宣 天子宣室也从宀亘聲須緣切 向 北出牖也从宀从口詩曰塞向墐戶徐鍇曰牖所以通人气故从口許諒切 宧 養也室之東北隅食所居从宀𦣞聲與之切 㝔 戶樞聲也室之東南隅从宀皀聲烏皎切 奧 宛也室之西南隅从宀𠬶聲臣鉉等曰𠬶非聲未詳烏到切 宛 屈草自覆也从宀夗聲於阮切 㝃 宛或从心 宸 屋宇也从宀辰聲植鄰切 宇 屋邊也从宀于聲易曰上棟下宇王榘切 寓 籀文宇从禹 寷 大屋也从宀豐聲易曰寷其屋敷戎切 寏 周垣也从宀奐聲胡官切 院 寏或从𨸏又爰眷切 宏 屋深響也从宀厷聲戶萌切 宖 屋響也从宀弘聲戶萌切 寪 屋皃从宀爲聲韋委切 康 屋康㝗也从宀康聲苦岡切 㝗 康也从宀良聲音良又力康切 宬 屋所容受也从宀成聲氏征切 寍 安也从宀心在皿上人之飲食器所以安人奴丁切 定 安也从宀从正徒徑切 寔 止也从宀是聲常隻切 安 靜也从女在宀下烏寒切 宓 安也从宀必聲美畢切 㝣 靜也从宀契聲於計切 宴 安也从宀妟聲於甸切 宗 無人聲从宀未聲前歷切 𡧘 宗或从言 察 覆也从宀祭臣鉉等曰祭祀必天質明明察也故从祭初八切 寴 至也从宀親聲初僅切 完 全也从宀元聲古文以爲寬字胡官切 富 備也一曰厚也从宀畐聲方副切 實 富也从宀从貫貫貨貝也神質切 宲 藏也从宀禾聲禾古文保周書曰陳宲赤刀博褎切 容 盛也从宀谷臣鉉等曰屋與谷皆所以盛受也余封切

㝐古文容从公　宂㪔也从宀人在屋下無田事周書曰宫中之宂食而隴切　𡪤臱臱不見也一曰臱臱不見省人从臱省聲武延切　寶珍也从宀从王从貝缶聲博皓切　𡧱古文寶省貝　宭羣居也从宀君聲渠云切　宦仕也从宀从臣胡慣切　宰辠人在屋下執事者从宀从辛辛辠也作亥切　守守官也从宀从寸寺府之事者从寸寸法度也書九切　寵尊居也从宀龍聲丑壟切　宥寬也从宀有聲于救切　宜所安也从宀之下一之上多省聲魚羈切　㝖古文宜　𡧯亦古文宜　寫置物也从宀舄聲悉也切　宵夜也从宀宀下冥也肖聲相邀切　宿止也从宀㐰聲㐰古文夙息逐切　寑臥也从宀𠬶聲七荏切　𡪢籒文寑省　𡧍冥合也从宀丏聲讀若周書若藥不眄眩莫甸切　寬屋寬大也从宀莧聲苦官切　𡧖寤也从宀吾聲五故切　寁居之速也从宀疌聲子感切　寡少也从宀从頒頒分賦也故爲少古瓦切　客寄也从宀各聲苦格切　寄託也从宀奇聲居義切　寓寄也从宀禺聲牛具切　㝢寓或从广　寠無禮居也从宀婁聲其榘切　㝌貧病也从宀久聲詩曰煢煢在疚居又切　寒凍也从人在宀下以茻薦覆之下有仌胡安切　害傷也从宀从口宀口言从家起也丰聲胡蓋切　𡩋入家搜也从宀索聲所責切　𡪿窮也从宀竆聲竆與𥨐同居六切　𥨐竆或从穴　宄姦也外爲盜內爲宄从宀九聲讀若軌居洧切　𡯁古文宄　𡧢亦古文宄　𡨄塞也从宀𢿱聲讀若虞書曰𢿱三苗之𢿱麤最切　宕過也一曰洞屋从宀碭省聲汝南項有宕鄉徒浪切　宋居也从宀从木讀若送臣鉉等曰木者所以成室以居人也蘇統切　𡫪屋傾下也从宀執聲都念切　宗尊祖廟也从宀从示作冬切　宔宗廟宔祏从宀主聲之庾切　宙舟輿所極覆也从宀由聲直又切

文七十一　重十六

寘置也从宀眞聲支義切　寰王者封畿內縣也从宀睘聲戶關切　寀同地爲寀从宀釆聲倉宰切　文三新附

宫室也从宀躳省聲凡宫之屬皆从宫居戎切

營市居也从宫熒省聲余傾切

文二

呂脊骨也象形昔太嶽爲禹心呂之臣故封呂侯凡呂之屬皆从呂力舉切

膂篆文呂从肉从旅　躳身也从身从呂居戎切　躬躳或从弓

文二　重二

穴　土室也从宀八聲凡穴之屬皆从穴　胡決切
𥥓 北方謂地空因以爲土穴爲𥥓戶从穴皿聲讀若猛武永切 窨 地室也从穴音聲於禁切 窯 燒瓦竈也从穴羔聲余招
切 䆯 地室也从穴復聲詩曰陶䆯陶穴芳福切 竈 炊竈也从穴鼀省聲則到切 竈 竈或不省 窐 甑空也从
穴圭聲烏瓜切 𥦷 深也一曰竈突从穴从火从求省式鍼切 穿 通也从牙在穴中昌緣切 寮 穿也从穴尞聲論語有公伯寮
洛蕭切 𥤮 穿也从穴決省聲於決切 𥥍 深抉也从穴从抉於決切 竇 空也从穴瀆省聲徒奏切 𥨊 空皃从穴矞聲呼
決切 窠 空也穴中曰窠樹上曰巢从穴果聲苦禾切 窻 通孔也从穴悤聲楚江切 窊 污衺下也从穴瓜聲烏瓜切 竅
空也从穴敫聲牽料切 空 竅也从穴工聲苦紅切 䆪 空也从穴巠聲詩曰瓶之罄矣去徑切 穵 空大也从穴乙聲烏黠切
窳 污窬也从穴胍聲朔方有窳渾縣以主切 窞 坎中小坎也从穴从臽臽亦聲易曰入于坎窞一曰旁入也徒感切 窌 窖也从穴卯聲匹
皃切 窖 地藏也从穴告聲古孝切 窬 穿木戶也从穴俞聲一曰空中也羊朱切 窵 窵窅深也从穴鳥聲多嘯切 窺
小視也从穴規聲去隓切 竀 正視也从穴中正見也正亦聲敕貞切 窡 穴中見也从穴叕聲丁滑切 窋 物在穴中皃从穴中出丁滑切

窴 塞也从穴眞聲待季切 窒 塞也从穴至聲陟栗切 突 犬从穴中暫出也从犬在穴中一曰滑也徒骨切 竄 匿也
从鼠在穴中七亂切 窣 从穴中卒出从穴卒聲蘇骨切 窘 迫也从穴君聲渠隕切 窕 深肆極也从穴兆聲讀若桃徒了切 穹 窮也从穴弓
聲去弓切 究 窮也从穴九聲居又切 竆 極也从穴躳聲渠弓切 窅 冥也从穴𥃦聲烏皎切 窔 冟窔深也
从穴交聲烏叫切 邃 深遠也从穴遂聲雖遂切 窈 深遠也从穴幼聲烏皎切 窱 杳窱也从穴條聲徒弔切 竁 穿地也从
穴毳聲一曰小鼠周禮曰大喪甫竁充芮切 窆 葬下棺也从穴乏聲周禮曰及窆執斧方驗切 窀 葬之厚夕从穴屯聲春秋傳曰窀穸从先君於
地下陟輪切 穸 窀穸也从穴夕聲詞亦切 𥥛 入脈刺穴謂之𥥛从穴甲聲烏狎切　文五十一　重一

㝱 寐而有覺也从宀从疒夢聲周禮以日月星辰
占六㝱之吉凶一曰正㝱二曰咢㝱三曰思㝱
四曰悟㝱五曰喜㝱六曰懼㝱凡㝱之屬
皆从㝱　莫鳳切

[illegible]病臥也从㝱省𡩋省聲七荏切　寐臥也从㝱省未聲蜜二切　寤寐覺而有信曰寤从㝱省吾聲一曰晝見而夜㝱也五故切　𡨦籀文寤　[illegible]楚人謂寐曰[illegible]从㝱省女聲依倨切　[illegible]寐而未厭从㝱省米聲莫禮切　[illegible]孰寐也从㝱省水聲讀若悸求癸切　寎臥驚病也从㝱省丙聲皮命切　寱瞑言也从㝱省臬聲牛例切　寣臥驚也一曰小兒號寣寣一曰河内相評也从㝱省从言火滑切

文十　重一

疒倚也人有疾病象倚箸之形凡疒之屬皆从疒　女戹切

疾病也从疒矢聲秦悉切　𤕫古文疾　𤶖籀文疾　痛病也从疒甬聲他貢切　病疾加也从疒丙聲皮命切　瘣病也从疒鬼聲詩曰譬彼瘣木一曰腫旁出也胡罪切　疴病也从疒可聲五行傳曰時即有口痾烏何切　痡病也从疒甫聲詩曰我僕痡矣普胡切　瘽病也从疒堇聲巨斤切　瘵病也从疒祭聲側介切　瘨病也从疒真聲一曰腹張都秊切　瘼病也从疒莫聲慕各切　疞腹中急也从疒丩聲古巧切　㾓病也从疒員聲王問切　癇病也从疒閒聲戶閒切

[illegible]病也从疒出聲五忽切　疵病也从疒此聲疾咨切　癈固病也从疒發聲方肺切　瘏病也从疒者聲詩曰我馬瘏矣同都切　瘲病也从疒從聲即容切　[illegible]寒病也从疒辛聲所臻切　[illegible]頭痛也从疒或聲讀若溝洫之洫吁逼切　痟酸痟頭痛从疒肖聲周禮曰春時有痟首疾相邀切　疕頭瘍也从疒匕聲卑履切　瘍頭創也从疒昜聲與章切　痒瘍也从疒羊聲似陽切　[illegible]目病一曰惡气箸身也一曰蝕創从疒馬聲莫駕切　[illegible]散聲从疒斯聲先稽切　[illegible]口咼也从疒爲聲韋委切　疦癟也从疒決省聲古穴切　瘖不能言也从疒音聲於今切　癭頸瘤也从疒嬰聲於郢切　瘻頸腫也从疒婁聲力豆切　[illegible]顫也从疒又聲于救切　瘀積血也从疒於聲依倨切　疝腹痛也从疒山聲所晏切　疛小腹病从疒肘省聲陟柳切　[illegible]滿也从疒𡙡聲平祕切　痀曲脊也从疒句聲其俱切　瘚屰气也从疒从屰从欠居月切　欮瘚或省疒　痵气不定也从疒季聲其季切　痱風病也从疒非聲蒲罪切　瘤腫也从疒畱聲力求切　痤小腫也从疒坐聲一曰族絫　臣鉉等曰今別作瘯蠡非是　昨禾切　疽癰也从疒且聲七余切　[illegible]瘻也从疒麗聲一曰瘦黑讀若隸郎計切　癰腫也从疒雝聲於容切　瘜寄肉也从疒息

𠔼 重覆也从冂一凡𠔼之屬皆从𠔼 讀莫保切
若艸莓莓
同 合會也从𠔼从口臣鉉等曰同爵名也周書曰太保受同嚌故从口史籒亦从口李陽冰云从口非是徒紅切 𠕁 幬帳之象从𠔼
㞢其飾也苦江切 冡 覆也从𠔼豕莫紅切
文四
冃 小兒蠻夷頭衣也从冂二其飾也凡冃之屬
皆从冃 莫報切
冕 大夫以上冠也邃延垂瑬紞纊从冃免聲古者黃帝初作冕亡辡切 絻 冕或从糸 胄 兜鍪也从冃由聲直又切
𩊚 司馬法胄从革 冒 冢而前也从冃从目莫報切 𡇒 古文冒 最 犯而取也从冃从取祖外切
文五 重二
㒳 再也从冂闕易曰參天㒳地凡㒳之屬皆从

㒳 良獎切
兩 二十四銖爲一兩从一㒳平分亦聲良獎切 㒼 平也从廿五行之數二十分爲一辰㒳㒼平也讀若蠻母官切 文三
网 庖犧所結繩以漁从冂下象网交文凡网之屬
皆从网 今經典變隸作冂文紡切
罔 网或从亡 䋞 网或从糸 𠕀 古文网 𦉪 籒文网 罨 罕也从网奄聲於業切 罕 网也
从网干聲呼旱切 𦌾 网也从网繯繯亦聲一曰綰也古眩切 䍙 网也从网每聲莫桮切 䍐 网也从网巽聲思沇切
䟤 逸周書曰不卵不䠙以成鳥獸䍐者䍐獸足也故或从足 罙 周行也从网米聲詩曰罙入其阻武移切 冞 罙或从卢
罩 捕魚器也从网卓聲都教切 罾 魚网也从网曾聲作騰切 罪 捕魚竹网从网非秦以罪爲辠字徂賄切 罽 魚网
也从网㓹聲㓹籒文銳居例切 罛 魚罟也从网瓜聲詩曰施罛濊濊古胡切 罟 网也从网古聲公戶切 罶 曲梁寡婦
之笱魚所留也从网留留亦聲力九切 𦌌 罶或从婁春秋國語曰溝罛𦌌 罜 罜麗魚罟也从网主聲之庾切 䍡

罜麗也从网鹿聲盧谷切
罧 積柴水中以聚魚也从网林聲所今切
罠 釣也从网民聲武巾切
羅 以絲罟鳥也从网从維古者芒氏初作羅魯何切
罬 捕鳥覆車也从网叕聲陟劣切
輟 罬或从車
罿 罬也从网童聲尺容切
𦉿 覆車也从网包聲詩曰雉離于𦉿縛牟切
罦 𦉿或从孚
罻 捕鳥网也从网尉聲於位切
罘 兔罟也从网否聲臣鉉等曰隸書作罘縛牟切
𦊆 罟也从网互聲胡誤切
罝 兔网也从网且聲子邪切
䍜 罝或从糸
𦋎 籀文从虘
𦌾 牖中网也从网舞聲文甫切
署 部署有所网屬从网者聲徐鍇曰署置之言羅絡之若罘网也常恕切
罷 遣有辠也从网能言有賢能而入网而貰遣之周禮曰議能之辟薄蟹切
置 赦也从网直徐鍇曰从直與罷同意陟吏切
罯 覆也从网音聲烏感切
詈 罵也从网从言网辠人力智切
罵 詈也从网馬聲莫駕切
𦌴 馬絡頭也从网从馽馽馬絆也居宜切
羈 𦌴或从革

文三十四　重十二

罭 魚網也从网或聲于逼切
罳 罘罳屏也从网思聲息兹切
罹 心憂也从网未詳古多通用離吕支切

文三新附

襾 覆也从冂上下覆之凡襾之屬皆从襾呼訝切讀若晉

覂 反覆也从襾乏聲方勇切
覈 實也考事襾笮邀遮其辤得實曰覈从襾敫聲下革切
𩅆 覈或从雨
覆 覂也一曰蓋也从襾復聲敷救切

文四　重一

巾 佩巾也从冂丨象糸也凡巾之屬皆从巾居銀切
帉 楚謂大巾曰帉从巾分聲撫文切
帥 佩巾也从巾𠂤所律切
帨 帥或从兌又音稅
𢃢 禮巾也从巾从執輸芮切
帗 一幅巾也从巾犮聲讀若撥北末切
帇 枕巾也从巾刃聲而振切
幋 覆衣大巾从巾般聲或以爲首鞶薄官切
帤 巾帤也从巾如聲一曰幣巾女余切
幣 帛也从巾敝聲毗祭切
幅 布帛廣也从巾畐聲方六切
㡃 設色之工治絲練者从巾巟聲一曰㡛隔讀若荒呼光切
帶 紳也男子鞶帶婦人帶絲象繫佩之形佩必有巾从巾當蓋切
幘 髮有巾曰幘从巾責聲側革切
𢃄 領耑也从巾旬聲相倫切
帔 弘農謂帬帔也从巾皮聲披義切
常 下帬也从巾尚聲市羊切
裳 常或从衣
帬 下裳也从巾君聲渠云切
裠 帬或从衣
帴 帬也一曰帗也一曰婦人脅衣从巾戔聲讀若末殺之殺所八切

⿰巾軍 幒也从巾軍聲古渾切 褌 ⿰巾軍或从衣 幒 ⿰巾軍也从巾忩聲一曰帙職茸切 ⿰巾松 幒或从松 ⿰巾監 楚謂無緣衣也从巾監聲魯甘切 幎 幔也从巾冥聲周禮有幎人莫狄切 幔 幕也从巾曼聲莫半切 幬 禪帳也从巾𠷎聲直由切 㡘 帷也从巾兼聲力鹽切 帷 在旁曰帷从巾隹聲洧悲切 ⿱匚⿰口口 古文帷 帳 張也从巾長聲知諒切 幕 帷在上曰幕覆食案亦曰幕从巾莫聲慕各切 ⿰巾乇 ⿰巾祭裂也从巾乇聲陟格切 ⿰巾祭 殘帛也从巾祭聲先列切又所例切 ⿰巾俞 正耑裂也从巾俞聲山樞切 帖 帛書署也从巾占聲他叶切 帙 書衣也从巾失聲直質切 袠 帙或从衣 ⿰巾前 幡幟也从巾前聲則前切 徽 幟也以絳徽帛著於背从巾微省聲春秋傳曰揚徽者公徒許歸切 幖 幟也从巾票聲方招切 帵 幡也从巾夗聲於袁切 幡 書兒拭觚布也从巾番聲甫煩切 ⿰巾剌 剌也从巾剌聲盧達切 ⿰巾韱 拭也从巾韱聲精廉切 幝 車弊皃从巾單聲詩曰檀車幝幝昌善切 幏 蓋衣也从巾冡聲莫紅切 幭 蓋幭也从巾蔑聲一曰禪被莫結切 幠 覆也从巾無聲荒烏切 飾 㕞也从巾从人食聲讀若式一曰襐飾賞隻切 幃 囊也从巾韋聲許歸切 帣 囊也今鹽官三斛爲一帣从巾𢍏聲居倦切 帚 糞也从又持巾埽冂內古者少康初作箕帚秫酒少康杜康也葬長垣支手切 席 籍也禮天子諸侯席有黼繡純飾从巾庶省臣鉉等曰席以待賓客之禮賓客非一人故从庶祥易切 ⿸厂⿴囗巾 古文席从石省 幐 囊也从巾朕聲徒登切 ⿰巾奮 以囊盛穀大滿而裂也从巾奮聲方吻切 ⿰巾盾 載米䈉也从巾盾聲讀若易屯卦之屯陟倫切 ⿰巾及 蒲席䈉也从巾及聲讀若蛤古沓切 幩 馬纏鑣扇汗也从巾賁聲詩曰朱幩鑣鑣符分切 ⿰巾夒 墀地以巾撋之从巾夒聲讀若水溫㬈也一曰箸也乃昆切 帑 金幣所藏也从巾奴聲乃都切 布 枲織也从巾父聲博故切 幏 南郡蠻夷賨布从巾家聲古訝切 ⿰巾弦 布出東萊从巾弦聲胡田切 ⿰巾敄 鬃布也一曰車上衡衣从巾敄聲讀若頊莫卜切 幦 鬃布也从巾辟聲周禮曰駹車大幦莫狄切 ⿰巾耴 領耑也从巾耴聲陟葉切

文六十二 重八

幢 旌旗之屬从巾童聲宅江切 幟 旌旗之屬从巾戠聲昌志切 帟 在上曰帟从巾亦聲羊益切 幗 婦人首飾从巾國聲古對切 幧 斂髮也从巾喿聲七搖切 帒 囊也从巾代聲或从衣徒耐切 帊 帛三幅曰帊从巾巴聲普駕切 幞 帊也从巾菐聲房玉切 幰 車幔也从巾憲聲虛偃切

文九 新附

市 韠也上古衣蔽前而已市以象之天子朱市諸矦赤市大夫葱衡从巾象連帶之形凡